anna platsch

schreiben als weg

anna platsch

schreiben als weg
von der kreativen kraft des wortes

Theseus Verlag

© Theseus Verlag in J. Kamphausen Mediengruppe GmbH, Bielefeld 2009

Umschlaggestaltung: Morian & Bayer-Eynck, Coesfeld, www.mbedesign.de
Umschlagfoto: © Hildegard Morian
Lektorat: Ursula Richard
Layout/Satz: Grafikstudio Scheffler, Berlin
Druck & Verarbeitung: CPI – Clausen & Bosse, Leck

www.weltinnenraum.de

4. Auflage 2014

Bibliografische Information der Deutschen Nationalbibliothek:
Die Deutsche Nationalbibliothek verzeichnet diese
Publikation in der Deutschen Nationalbibliografie;
detaillierte bibliografische Daten sind im Internet
über http://dnb.d-nb.de abrufbar.

ISBN 978-3-89901-243-9
ISBN E-Book: 978-3-89901-499-0

inhalt

eingang 7

teil eins – handwerkszeug 11

das fahrzeug eins – einführung in ein kreatives schreiben 12
    der anfang 24
    es schreibt 27
    freilegung 32
    schreiben ist vergessen 35
    anfängergeist 37
    orte, stifte, zeiten 40
    kreativität 44
    in bewegung 48
    einige grundübungen 50
    überarbeiten 74
das fahrzeug zwei – meditation und innerer dialog 78

teil zwei – lösung aus der geschichte 83

unsere geschichte 84
    mein leben – die kindheit 85
    atmosphäre der kindheit 89
    freuden und helfer der kindheit 92
    dramen der kindheit 94
    mein leben – das erwachsenenalter 106
    die schatten tanzen 117
    mein leben – ein märchen 125

teil drei – der raum weitet sich 138

vergessen, vergessen 139
still beobachten 156
der tod und andere visionen 164
jetzt frisch unmittelbar 170
die große stille 173
mein leben – ein tanz. zurück auf dem marktplatz 177
vision 186

anmerkungen 196
liste der übungen 198
literaturliste 199
über die autorin 200

eingang

»Machen Sie das Schreiben zu Ihrer Praxis«, sagte der Roshi zu seiner Schülerin. »Wenn Sie sich ganz dem Schreiben widmen, wird es Sie so weit tragen wie das Zen.«[1] Eine andere Schülerin fragte derselbe Roshi: »Wieso meditierst du eigentlich? Warum lässt du nicht das Schreiben diese Funktion übernehmen? Wenn du dich dem Schreiben ernsthaft widmest, dann wird es dich überallhin führen.«[2]

Haben Sie Lust, sich dem Schreiben ernsthaft zu widmen? Und Sehnsucht danach, sich davon in die unendliche Weite tragen zu lassen? Dann lade ich Sie zu einer Reise in das Innere des Wortes ein, die gleichzeitig die Reise in Ihr Inneres ist. Treten Sie sie in Freude an, und genießen Sie das Abenteuer, auch an den härteren Tagen, in einer gewissen Leichtigkeit.

Um GUT schreiben zu können, braucht es einen Menschen, der sich selbst kennt. Und um sich selbst kennenzulernen, ist das Schreiben ein wunderbares Fahrzeug.

Vielleicht hatten Sie schon immer Sehnsucht danach zu schreiben; vielleicht sind Sie beruflich schreibend tätig und haben ein Verlangen nach einer Vertiefung Ihrer Arbeit – wie auch immer, Sie sind eingeladen.

Ich habe das Buch in drei Abschnitte unterteilt:

Zuerst führe ich kurz in ein kreatives Schreiben[3] ein. Das gibt ein gutes Handwerkszeug und bietet die Möglichkeit, einen völlig neuen Zugang zum Schreiben zu finden. Denjenigen, die bisher noch wenig geschrieben haben, kann es helfen, sich aus alten Ängsten der schulischen und kulturspezifischen Konditionierungen dem Schreiben gegenüber zu lösen. Für diejenigen, die beruflich schreiben, kann es die Brücke bilden zwischen dem gewohnten beruflichen Jargon und einer wirklich eigenen Sprache.

Im zweiten Teil durchwandern wir noch einmal unsere persönliche Geschichte, um sie vielleicht von einem neuen Ort aus zu verstehen, uns wirklich mit ihr zu versöhnen, um sie dann letzten Endes hinter uns zu lassen. Das geschieht durch das Schreiben autobiographischer Texte unter unterschiedlichen Blickwinkeln. Die offene Frage dabei ist natürlich, dass ich nicht weiß, wie viel Sie an Vorerfahrungen im Umgang mit Ihrer Geschichte mitbringen. Tendenziell habe ich diesen Teil so angelegt, dass ich von einer gewissen Vorerfahrung in persönlicher Arbeit Ihrerseits ausging. Wenn nicht, möchte ich Sie einladen, sich wirklich Zeit und Ruhe für diesen Teil zu nehmen, ihn um das zu erweitern, was Sie brauchen, um Frieden mit Ihrer Geschichte zu gestalten.

Der dritte Teil baut auf den beiden vorherigen auf und ist dazu angelegt, mit dem Wort als Träger die tiefste, essenzielle Dimension in uns zu erfahren, wirklich die Freiheit unseres Menschseins zu schmecken.

Auch hier weiß ich nicht, wie viel spirituelle Praxis Sie zum Beispiel schon haben, wie tief Sie gegangen sind. Aber das macht nichts – lassen Sie sich vom Wort führen, es ist auf dieser Reise dasjenige, dessen tiefer Kraft Sie sich ganz hingeben. So können Sie es durchschreiten. Bis ins Wortlose. Und zurückkehren in die Welt, um von dort aus, angebunden an unsere tiefste Quelle, zu schreiben. Neu zu schreiben.

Die Texte, die aus einem solchen Prozess hervorgehen oder denen ein solcher Prozess zugrunde liegt, sind für mich Friedensarbeit. Denn solche Texte verfügen über eine Qualität, die ich kurz und etwas plakativ *freundlich, fließend, furchtlos* nenne.

Freundlich heißt, der Text ist dem Menschen und allem Lebendigen zugewandt. Wertfrei zugewandt. Er ist verständlich und in seiner Grundhaltung dem Wohle aller dienend. Er ist angeschlossen an die Quelle der Liebe.

Fließend heißt, der Text verfügt über einen innewohnenden Rhythmus, eine spürbare Atmosphäre von Lebendigkeit. Er atmet. Er ist angeschlossen an die Quelle des Lebens.

Furchtlos heißt, der Text benennt. Er benennt aus dem Geist der Wahrhaftigkeit. Er ist aufdeckend, unterscheidend, Grenzen setzend, einen Standpunkt einnehmend. Er ist angeschlossen an die Quelle der Wahrheit.

Diese drei Aspekte bilden *eine* Qualität, durchdringen sich gegenseitig, entspringen *einer* Quelle in vielen Gestalten. Und Sie sehen auch, dass es sich natürlich überschneidet, ob ich vom Geschriebenen oder den Schreibenden spreche. Diese mehr durchschimmernden Merkmale beziehen sich auf alle Textformen, auf literarische, sachliche, journalistische und wissenschaftliche Texte. Alle meine Hinweise zu Texten – oder innerem Wachstum – zielen auf diese Qualität, die wir nicht im herkömmlichen Sinn *machen* können. Sie *geschieht* eher aus unserer eigenen inneren Bewegung heraus.

Zwischen Teil eins und zwei stelle ich zwei Übungen vor, eine Meditation und einen geschriebenen inneren Dialog, die Sie während der ganzen Zeit des Prozesses (und am besten darüber hinaus) praktizieren können. Sie dienen als Grundlage und Begleitung aller anderen Übungen und fördern – wenn wir wollen, sogar radikal – unsere Selbstermächtigung.

Wenn Sie Ideen dazu interessieren, wie dieser Prozess, auf den Sie sich gerade einlassen, in einem größeren Ganzen steht, Teil einer Bewegung unserer Evolution ist oder sein könnte, dann gibt es noch ein Kapitel »Vision« am Ende von Teil drei. Für viele von uns ist es Antrieb und Inspiration, zu wissen, in welchem Kontext die persönliche Entwicklung steht, und für andere kann es eine große Erlaubnis sein, zu erfahren, wie sehr wir eingebettet sind in den Atem des Lebens. Im Stillen gehe ich davon aus, dass es in sehr vielen von uns – auch in Ihnen – ein Anliegen gibt, in dieser Welt zu wirken; zum Wohle aller. Sei es durch unser eigenes Wachstum, sei es durch kraftvolle Worte.

Diesen Prozess in drei Schritten werden Sie nur erfahren, wenn Sie die Übungen auch wirklich machen. Sie nur lesen ist wie die Etikettenaufschrift eines Honigglases betrachten, ohne den Honig zu schmecken. So empfehle ich Ihnen, das gesamte Buch erst einmal in Ruhe durchzulesen, die Übungen dabei leicht zu überfliegen und sie danach Schritt für Schritt durchzugehen.

Hilfreich für die Arbeit mit diesem Buch kann es sein, wenn Sie sich mit einigen anderen Menschen zusammentun und gemeinsam schreiben. Es bildet sich ein Feld höherer Intelligenz, das uns zusätzliche Quellen erschließt, aus denen wir manchmal, wenn wir einsam in unserem Stübchen sitzen, nicht so leicht schöpfen können.

Wenn Sie alleine auf die Reise gehen, hören Sie sehr genau auf Ihren inneren Rhythmus. Manchmal reicht eine Übung am Tag. Und manchmal gibt es Tage und Themen, an denen wir sehr intensiv dranbleiben können. Es ist immer ein feines Abstimmen der Kräfte. Sie werden es wissen.

Hin und wieder, zum Zeigen der Vielfalt, konnte ich dankenswerterweise Texte von TeilnehmerInnen an Schreibwerkstätten mit ins Buch aufnehmen. Mögen sie Ihnen Erlaubnis zu Ihrem eigenen, wirklich ureigenen Schreiben sein. Wenn sie Ihnen nicht dazu dienen – überlesen Sie sie.

In den kursiven Texten *schreiborte* I, II, III erzähle ich von meinen eigenen Erlebnissen und Reflektionen während der einzelnen Arbeits- und Überarbeitungsschritte an diesem Buch.

Einige der Schreibübungen und Zitate begleiten mich schon, seit ich Schreibwerkstätten leite, und sind manchmal von einer Quelle inspiriert, an die ich mich nicht mehr erinnere. Und auch im Schreiben wirken die morphogenetischen Felder – manche von mir entwickelten Übungen habe ich dann später in einer anderen Quelle wiederentdeckt. Wie auch immer – ich danke all jenen Kreativen für ihre Inspiration und bitte um Vergebung, wenn ich sie nicht erwähne.

An einigen wenigen Stellen im Text erlaube ich mir – aus innerer Notwendigkeit – eine gewisse Freiheit, was Grammatik und Interpunktion angeht.

Ich wünsche Ihnen Mut, Inspiration, Lust am Experimentieren, Stille, unendliche Freude und Wahrhaftigkeit auf Ihrem Weg.

Chiemgau, im Herbst 2009   *Anna Platsch*

handwerkszeug

das fahrzeug eins – einführung in ein kreatives schreiben

Natürlich gibt es »das« Kreative Schreiben nicht. Und doch gibt es Spuren. Spuren in der Antike, dort gab es Sprachspiele in der Rhetorik, die auch Inspiration im 18./19. Jahrhundert für die höfische Gesprächskultur und die literarischen Salons der Romantik waren. Eine gewisse emanzipatorische Kraft dieser Spuren ist spürbar Ende des 18. Jahrhunderts in so manchen Schreibspielen des unterdrückten Bürgertums. Die Reformpädagogik des beginnenden 20. Jahrhunderts bediente sich des freien und kreativen Schreibens, und ein experimentelles, traumhaftes Schreiben war Teil des Surrealismus. Ich finde es spannend, dass diese Spuren in Übergangsphasen, in gesellschaftlichen Umbrüchen auftauchen.

In den USA der zwanziger Jahre entwickelten sich dann aus dem leisen, unterirdischen Bächlein die sichtbaren Strömungen, die heute als Kreatives Schreiben bezeichnet werden. Dort ist Kreatives Schreiben professionalisiert, ein selbstverständliches Schul- und Universitätsfach und dient der Ausbildung von Autorinnen und Autoren. Im deutschsprachigen Raum hat es sich Ende des vorigen Jahrhunderts über die Institutionen der Erwachsenenbildung etabliert, gelangte in den letzten Jahren auch in einige – wenn auch noch wenige – Hochschul-Projekte und wird langsam sichtbar.

Auf unserer Reise möchte ich mit Ihnen teilen, was ich selbst in den letzten fünfzehn Jahren mit dem Schreiben erfahren habe und was sich mit den Menschen, die zu mir in die Schreibwerkstätten kamen, entwickelte.

Jedem und jeder von uns ist klar, dass wir für ein Bild, das wir malen, Techniken brauchen und Skizzen anfertigen, dass wir, wenn wir Klavierspielen lernen, erst mit der einen Hand beginnen und dann mit der anderen und Fingerübungen mit beiden spielen, dass wir üben und üben, bis wir zu einem tiefen Ausdruck finden. Und beim Tanz wissen wir, wie wir das Instrument – unseren Körper – dehnen und trainieren, bis eine Form sich in aller Schönheit bildet.

Nur beim Schreiben, meinen viele Menschen, sei es anders – man setzt sich hin, und der Text soll schon im ersten Entwurf fertig sein. Aber Schreiben ist doch alles zusammen – Bilder der Wahrhaftigkeit entwerfen, sich in die Unendlichkeit ausdehnen, die Musik der Welt spielen. Wenn es frei ist vom Geschmack des trockenen Intellekts, sich frei entfalten kann aus einer vibrierenden Intelligenz, die sich manifestiert in der unendlichen Vielfalt und Weite der inneren Bilder, die durch uns ihr Lied singt und uns in einer einzigartigen Dynamik das Leben tanzen lässt.

Und dazu, meinen wir, bräuchten wir kein Üben?

Die meisten Studentinnen und Studenten an unseren Universitäten könnten nicht verständlich schreiben, nur etwa jeder vierte Studierende könne ohne größere Unterstützung Texte so formulieren, dass sie auch außerhalb des Wissenschaftsbetriebs tauglich seien, meint ein Sprachwissenschaftler[4]. Schreiben bedeutet für ihn, einen Inhalt in eine Form zu bringen, die eine erfolgreiche Kommunikation mit anderen ermöglicht. Das ist eine spannende Aussage, denn zum einen spiegelt sie die Vorstellungen von Studenten, dass wir erst dann richtige Wissenschaftler sind, wenn wir trocken, verschachtelt und unverständlich schreiben; und wir sehen am Zustand unserer Erde, wohin diese Weltabgewandtheit führt. Zum anderen wird eine *Bewegung* ausgedrückt, in der sich der Paradigmenwechsel unserer Zeit schon spiegelt – dem Wissenschaftler geht es offensichtlich darum, dass die Wissenschaft *Verbindung* aufnimmt zu ihrem Umfeld. Das ist das, was ich eingangs damit meinte, dass die neuen Texte *freundlich* sein werden. Vermutlich wird diese Verbindung noch viel tiefgreifender sein.

Und viele Menschen verlangen nach dieser Vertiefung; viel mehr, als an der Oberfläche sichtbar ist. In den USA geben in einer Studie[5] 79 Prozent der Studenten an, dass für sie Spiritualität wichtig oder sehr wichtig ist, und drei von vier Studenten beten. Sie leben und arbeiten aber in einem Kontext – dem Wissenschaftsbetrieb –, der nicht nur nicht zuhört, sondern der sich meistens über Religiosität lustig macht. Damit ist die Wissenschaft in der Zeit der Aufklärung stecken geblieben.

Aufgabe ist es, die Religion in etwas zu übersetzen,
was unsere liberale Demokratie verstehen und nutzen kann.
Die Religion hat schließlich nicht wenig zu sagen.
JÜRGEN HABERMAS[6]

Für die Studenten hat das zur Folge, dass sie einen so zentralen Bereich ihres Lebens, ihre Anbindung an die Wurzel unseres Seins, kaum entwickeln können, sich stattdessen zurückziehen und so die spirituelle Intelligenz einer ganzen Generation verpufft. Aber es ist genau diese Intelligenz, die wir brauchen, um die brennenden Probleme unserer Zeit zu lösen.

schreiborte I
Draußen taut es. Ein erster, früher Schnee. Schon geht er wieder. Der Winter ist eine gute Zeit zum Schreiben. Oft sind es eher die scheuen, introvertierten Menschen, die sich zum Schreiben hingezogen fühlen. Da ist der Winter als Zeit des Rückzugs gerade recht.

Ich denke an Ingeborg Bachmann, die als so scheu, schüchtern und verletzlich galt.

Ich denke an Janet Frame, die neuseeländische Schriftstellerin, wie scheu auch sie war. Noch bei der Verleihung der höchsten literarischen Auszeichnung ihres Landes stand sie ganz vorsichtig, unwahrgenonmmen in einer Ecke, sich mühsam an einem Glas festhaltend.

Kein Glas hält.

Dachlawinen donnern über meinem Schreibtisch. Dieses leise Ruckeln, Stück für Stück, um dann – in welchem Moment? – in einem kühnen Schwung wegzurutschen; das hat was.

Bald fahre ich in die Wüste.

Ein kreatives Schreiben hat primär nichts mit unserer Entwicklung, vor allem nichts mit unserer spirituellen Entwicklung als Mensch zu tun. Wir können es aber sehr gut als Instrument, als Fahrzeug, dafür verwenden, alte Vorstellungen, die mit dem Schreiben verbunden sind, aufzulösen, damit das Darunterliegende sich frei entfalten und uns weiterführen kann. Wenn zu viele Vorstellungsschleier über unserem natürlichen Ausdruck liegen, uns unsere zutiefst eigene Sprache verklemmen, dann ist der Zugang zur Quelle versperrt. Elemente aus einem kreativen Schreiben dienen dazu, den Weg zur Quelle freizulegen. Wenn es fließt, brauchen wir es nicht mehr. Dann geht es darum, die Quelle zum Strom anwachsen zu lassen oder tief in die Quelle einzutauchen oder sich der Quelle zu erinnern, bevor sie Quelle war – kein Bild fasst es.

Viele unserer alten Vorstellungen über das Schreiben sind vor allem mit tiefen Ängsten verbunden. Ich erinnere mich noch sehr genau an meine Wiedereinstiegsphase in das Schreiben vor zwanzig Jahren. Ich hatte mich mit einigen Gedichten für den schwäbischen Kunstsommer beworben. Das ist eine Veranstaltung, zu der Meister und Meisterinnen in den unterschiedlichsten Kunstrichtungen von Performance über Radierung bis Bildhauerei eingeladen werden und für eine Woche jeweils eine Klasse mit einigen Studierenden bilden. In dem Jahr gab es auch eine Lyrikklasse mit Walter Helmut Fritz, einem renommierten Dichter, der auch Mitglied im Penclub war. Überraschenderweise bekam ich einen Platz. Und ich glaube, ich war noch nie davor und danach in meinem Leben so von Ängsten gebeutelt. Das ging die ganze Woche über so, ich schlief nicht, konnte mich kaum des lebensfrohen Austausches unter uns Teilnehmenden freuen. Die Konfrontation mit einem so zentralen Thema meines Lebens, wie das Schreiben es war, erschütterte mich bis ins Mark. Und es kam für mich noch eine weitere Erschwernis dazu. Ich schrieb zu der Zeit schon Gedichte, in denen sich zutiefst meine spirituelle Sehnsucht ausdrückte. Das war nicht hoffähig in diesen Kreisen. In der Gruppe hatten wir zum Beispiel eine Frau, die schon einen Gedichtband bei Suhrkamp veröffentlicht hatte. Damit war man jemand in den Kreisen der Dichtung. An einem Tag des Kurses, als eines meiner Gedichte vorgestellt wurde, begriff sie, dass mit jenem Geliebten meines Gedichts der göttliche Geliebte gemeint war, sie verließ den Raum und sprach fortan kein Wort mehr mit mir.

Gut so, kann ich nur sagen. So wurde ich geschliffen.

Jenseits von Richtig und Falsch gibt es einen Ort,
dort treffen wir uns.

RUMI

An das Schreiben haben sich in unserem Kulturraum solch tiefe Ängste und Vorstellungen von Richtig- oder Falschmachen gehängt wie an kaum eine andere Ausdrucksform. Sie verhindern den Vorgang des skizzenhaften, forschenden Übens beim Schreiben. Dabei ist es manchmal nötig, dass ein gewisses Chaos entsteht, jenseits von Richtig und Falsch, damit sich neue Formen herausbilden können; genauso flüchtig und unbeständig wie die vorhergehenden.

Er war mit dieser besonderen Fähigkeit begabt, viele Fehler zu machen,
die meist auf den richtigen Weg führten. Ich beneidete ihn darum
und versuchte vergeblich, es ihm nachzutun, fand es jedoch ausgesprochen
schwierig, gute Fehler zu machen.
GORO SHIMURA, Mathematiker[7]

So braucht es im Schreiben auch ein wirkliches Üben, eine tiefe Erlaubnis, »Fehler«, also Erfahrungen, zu machen. Sonst lernen oder verlernen wir ja nichts. Fehler zu machen ist sehr ergiebig. Denn was ist das denn, was wir Fehler nennen? Ihnen voraus geht eine Vorstellung, wie etwas zu sein hat. Und auch diese Vorstellungen sind flüchtig. Gibt es überhaupt Fehler? Wenn jede unserer Handlungen ein Stich im großen Gobelin des Lebens ist – wie weiß ich, ob es ein Fehler ist oder nur eine Variante, deren Bedeutung im Gesamtbild ich aus der Nähe nicht sehen kann? Diese Vorstellung von Fehlern gehört dem alten Paradigma an, wie die Bilder dessen, was richtig ist, feste, enge Bilder davon, wie der Mensch, seine Moral und sein Kulturraum zu sein haben. »Fehler« zu machen ist der Versuch, über eine wie auch immer geartete Grenze in mir zu gehen. Auszuprobieren.

Es geht eine spezielle Kraft vom geschriebenen Wort aus, noch eine andere Dimension, andere Möglichkeiten der Reflexion als vom gesprochenen, weil ich mich versenken kann und weitere Möglichkeiten der

Gestaltung habe, auch künstlerische Gestaltungsmöglichkeiten, die vertiefen können. Man kann im geschriebenen Wort etwas »sagen«, das man vielleicht sonst nicht ausdrücken kann. Und es gibt eine Kehrseite – wir wissen nicht, was der oder die andere liest. Viele Sprachen arbeiten in ihrer Poesie sehr bewusst mit diesem Aspekt der Vieldeutigkeit, zum Beispiel haben oft einzelne Wörter im Chinesischen oder Arabischen viele Bedeutungen und Bedeutungsebenen. In unserer Sprache ist das weniger offensichtlich – und doch geschieht es natürlich. Ein einfaches Beispiel – nehmen Sie das Wort *Tisch*. Bei Nennung des Wortes entsteht vor Ihrem geistigen Auge ein Tisch. Der Punkt ist nur, dass der Tisch in Ihnen ganz anders aussieht als der Tisch in mir. Und damit auch ganz andere Gefühle auslöst. Wenn in Ihnen ein großer Esstisch auftaucht, in einem Garten, an dem eine lustige Gesellschaft an einem milden Sommerabend ein lebensfreundliches Mahl feiert, in mir aber ein kleiner Couchtisch aus einem engen Elternhaus, der mir in meiner Vorstellung schon den Atem nimmt – dann können Sie sich leicht vorstellen, wie unterschiedlich das geschriebene Wort oft aufgenommen und verstanden wird. Das war ein ganz einfaches Beispiel – wie ist es dann erst mit komplexeren Bildern und Zusammenhängen?

Viele Menschen haben ein starkes Bedürfnis zu schreiben und sind zur gleichen Zeit von so großer Scheu gepackt, dass sie sich dem Stift nicht einmal nähern wollen oder das Geschriebene nicht mit anderen Menschen teilen. Jedes Wort liegt schutzlos wie ein nacktes Neugeborenes im Raum. Und das ist so – wie in jedem kreativen Akt. Ein Neugeborenes geht aber nicht einfach so in die Welt. Erst einmal hat es Schutz und dann Zeit zum Reifen.

Diesen Aspekt des Reifens, des Übens, des natürlichen Lernens sich wieder im Umgang mit dem Schreiben zu eröffnen macht zum einen große Freude und führt zum anderen dazu, dass das geschriebene Wort aus großer Tiefe aufsteigen kann. Letzteres ahnen die Ängstlichen. Nur – gerade diesen Anschluss an unser Inneres brauchen wir in unserer Zeit.

Sprache ist von Beginn an ein schöpferischer Akt. Sie ist in den Erfahrungen unseres Lebens und unseres Leibes verwurzelt. Körper und Sprache sind nicht zu trennen. Viele Menschen haben aber bei dieser tiefen

→ Gefühle

17

körperlich-leiblichen Erfahrung des sprachlichen Ausdrucks von Beginn an Zensur erlebt. Beim ersten Erlernen der Sprache ganz direkt über Kritik, Zurechtweisung und Korrektur und später dann über die schulische Bewertung.

*

Eine neue Sprache, die mit den Anforderungen unserer Zeit korrespondiert, wächst aus dem innersten Wesenskern des Menschen; dann gibt es keine Trennung mehr, ob wir den Weg des Schreibens gehen, weil wir uns entwickeln wollen oder weil wir unsere Sprache entwickeln wollen – das ist eins.

In unserem westlichen Kulturraum ist Spiritualität (außer in einem alten, theologisch-kirchlichen Rahmen) immer noch weitgehend tabuisiert. Soviel ich weiß (mailen Sie mir, wenn Sie anderes erleben), wurde keines der vielen Bücher, die in den letzten Jahrzehnten in diesem Bereich erschienen sind und die fundamentale Aussagen über unsere Zeit und unser Menschsein enthalten, in einem bürgerlichen Feuilleton besprochen. Kopernikus und Galileo wurden auch nicht gerade freundlich vom Establishment empfangen …

Es gibt immer noch junge Regisseure, die meinen, sie würden Tabus brechen, wenn sie Nacktszenen drehen oder auf die Theaterbühne bringen – als wäre das noch ein Tabu. Als wären zunehmende Verrohung und Abwertung ein kreativer Tabubruch. Wir haben in unserem öffentlichen Leben allerdings ein Tabu – das, über die innere Entwicklung des Menschen, seine Wesensnatur, sein innerstes Sein zu sprechen,

> *Bücher, die keine lebendige Seele haben,*
> *sind ein Raub an unserem Leben.*
> FRANZISKUS VON ASSISI

So gefällt mir dieses ganz klassische Bild, dass es der Narr ist, der uns den Spiegel vorhält und die Welten verbindet. Es ist ein Komiker – Hape Kerkeling –, der mit seinem Pilgerbuch einfach, aufrichtig und heiter über die

Stationen des inneren Weges – bis zu seiner Einheitserfahrung – schreibt. Er bricht das Tabu und spricht über seine spirituelle Suche. Sein Buch wurde allein in der gebundenen Ausgabe über drei Millionen Mal verkauft, also scheint es die Menschen zu interessieren.

und jetzt der Film über seine Kindheit

schreiborte I

Während der letzten Tage hatte ich plötzlich das Empfinden, ich bräuchte einen Schreibplatz, der nach Süden ausgerichtet ist. Ich spürte förmlich eine Drehung in meinem Körper, wenn ich mich an meinen »normalen« Schreibtisch setzte.

Ich wollte jetzt nicht gleich das ganze Haus umräumen und spürte einfach der Bewegung nach, ging im Haus umher, suchte, erkundete. Es fand sich ein einziger Platz – die Nische, in der ich zur Meditation sitze. Ich baute mir über die Weihnachtsfeiertage einen kleinen, taubenblauen Bodentisch, vor dem ich jetzt sitze. Und erst beim Sitzen auf meinem Meditationskissen und Schreiben auf meiner neuen Unterlage, körperlich weit und wohl nach Süden ausgerichtet, nahm ich wahr, was geschehen war – während ich an »Schreiben als Weg« arbeite, ist mein Meditationsplatz auch Schreibplatz geworden …
Kein Unterschied.

An der Universität Bochum wurde in einer Forschungsarbeit festgestellt, dass ein kommender Völkermord schon in den vorhergehenden Jahren in der Sprache sichtbar wird. Eine spannende Untersuchung, dachte ich und drehte mein Autoradio lauter. Als der Forscher vom Journalisten gefragt wurde, ob es etwas in der Sprache gebe, woran man schon im Voraus einen Genozid erkennen könne, meinte der, ja, zum Beispiel an dem Wort »muss« – es *muss* sich etwas ändern, das »Problem« *muss* gelöst werden. Wenn sich das Töten so direkt und einfach in der Sprache spiegelt, dann können wir als Schreibende die Chance nutzen: Wir sind uns der Macht der Sprache bewusst und werfen sie in die Welt, um uns am Leben zu erhalten.

Noch heute bin ich überzeugt, dass Sprache die Menschheit retten wird.
YASAR KEMAL[8]

„Am Anfang war das Wort ...“ (Johann...

Sprache sei machtvoller als die Waffe, hat der Dalai Lama einmal gesagt. »Noch stärkere Macht als in Kraut und Stein liegt in dem Wort, und bei allen Völkern geht aus ihm Segen und Fluch hervor. Es sind aber gebundene, feierlich gefasste Worte, wenn sie wirken sollen, erforderlich, Lied und Gesang. Darum hängt alle Kraft und Rede, deren sich Priester, Arzt und Zauberer bedienen, mit den Formen der Poesie zusammen.«[9]

Das, was die Gebrüder Grimm mit »gebundenen, feierlichen Worten« meinten, drückt in alter Sprache aus, was wir heute »bewusst« oder »präsent« nennen würden oder was die Jüngeren sicher bald noch ganz anders nennen werden. Vielleicht können wir sehen, dass Poesie nicht das ist, was wir aus unserer Wirklichkeit machen, sondern dass unsere Wirklichkeit reine Poesie ist – es geht nur darum, in dieser Tiefe wahrzunehmen.

Wie findet wertfreies, im reinen Gewahrsein schwingendes Wahrnehmen, das zur gleichen Zeit Stellung bezieht, eine Sprache? Ich weiß es auch noch nicht. Denn selbst wenn es gelänge, wertfrei zu schreiben – wie wäre es dann mit der Rezeption des Lesenden? Denken Sie an den Tisch. Spannende Suche.

Und tiefste Friedensarbeit. Wertfreies Wahrnehmen spiegelt eine unendlich weite, stille Seele. Eine stille Seele hat keinen Mangel. Und es ist dieses schier ausweglose Gefühl des Mangels, das uns als Menschen zu den abstrusesten Handlungen treibt.

Wenn Seele still, dann ganzer Mensch still, dann Weltfrieden.
TETSUO ROSHI[10]

Das eigene Empfinden, Erleben ausdrückend, kristallklar benennend und dabei grenzenlos liebend, grenzenlos wahrhaftig – das ist eine neue Dimension.

Dazu brauchen wir Mut. Äußerlich.

Innen ist so zu schreiben einfach nur Singen …

*

1
vorübung
Wie sind Sie an dieses Buch gekommen?
Schreiben Sie in drei Minuten einen kleinen Text.

Wie alles in diesem Leben ist auch ein kreatives Schreiben ein großes Spiel. Gehen Sie die Dinge leicht an. Halten Sie die Leichtigkeit.

> *Es dauert sehr lange, bis man jung wird.*
> PABLO PICASSO

Auch ein kreatives Schreiben ist natürlich ein Konzept. Vergessen Sie es also möglichst bald wieder, denn letztlich, ganz im Letzten, verletzen alle Konzepte, mögen sie kurzzeitig noch so hilfreich sein, unser tiefstes Menschsein. Denn sie versuchen eine allgemeine Struktur über unsere Einzigartigkeit und den gegenwärtigen Moment zu legen – das ist Verschleierung. Und doch sind Konzepte sehr hilfreich, um eine neue Ebene unserer Entwicklung in uns zu berühren. Und dann lassen wir sie wieder hinter uns.

Mit dem Schreibenkönnen wird ja oft etwas verbunden, das man hat oder nicht hat. Als käme es so von alleine anspaziert. Wir können aber sowohl die Inspiration als auch das Handwerkszeug einladen. Beides ist notwendig, und beides ist zugänglich.

Geben Sie sich dem Schreiben ohne Zielvorstellung, ohne Erwartung hin. Wenn man es lässt, ist Schreiben ein eigendynamischer Prozess – dann wissen wir am Anfang nicht, was am Ende dabei herauskommt. Viele Romanautoren erzählen, wie ihre Figuren ein Eigenleben entwickeln, das sie nur noch demütig verfolgen können. Schreiben kann uns das Leben retten, und es kann still an uns vorübergehen, ohne tiefere Berührung. Es kann uns helfen, den reißenden Strom zu erleben und einzutauchen in die Spiegelung des Nachtsees, an dessen Ufer wir gelassen sitzen.

Und wer meint, das Schreiben wäre ein rein intellektuelles Vergnügen, oder vor allem kein Vergnügen, hat wahrscheinlich seinen Bleistift bisher etwas fest in der Hand und sieht lauter enge Richtigs und Falschs über das Papier ziehen oder hört sie, ihre Stimmen, nörgelnd, im rechten Ohr. Innere Bilder brauchen offenen, leeren Raum und Freiheit zum Atmen.

Es geht in einem kreativen Schreiben nicht um Noten, nicht um eine »Verbesserung« des Schreibstils, sondern um Entwicklung und Entfaltung. Daraus kann dann oft ein freies Schreiben folgen, eines, das lebendig ist und mit dem Finden unserer *eigenen* Sprache verbunden ist.

Über Unspektakuläres zu schreiben und dabei vielleicht einen neuen Gesichtspunkt einnehmen – wie wunderbar. Sie sind nicht mehr länger in der Schule, in der Arbeit, in einer engen Ehe, wenn Sie schreiben – Sie sind vollkommen frei. Es gibt keine Noten, keine Zensur, kein Runtermachen, Ihre Worte können blühen, sich verzieren, austoben, wachsen, sich frei entfalten.

Vertrauen Sie auf das, was tief in Ihnen Freude auslöst. Lassen Sie sich führen von Ihrer Liebe. Vertrauen Sie Ihrer eigenen Erfahrung. Henry Miller schrieb einmal: »Ich weiß jetzt, dass ich nur durch mein Beispiel Einfluss auf die Welt ausüben könnte, nicht durch meine Worte.«[11] Mit der Verbindung von innerer Entwicklung und Schreiben löst sich die Trennung von Gesagtem und Gelebtem auf.

Schreiben lernen ist kein linearer Prozess. Schreiben ist eine Auseinandersetzung mit dem gesamten eigenen Leben. Es gibt kein Gut oder Schlecht. Manchmal braucht man zum Schreiben einen Platz für sich allein, manchmal sitzt man in der Öffentlichkeit mitten unter Menschen und im Lärm der Städte.

Etwas entfaltet sich – und auf der Ebene des Prozesses benötigt das etwas Zeit Es gibt in einem kreativen Schreiben innere Haltungen und einfache Übungen, die im Grunde nur dazu dienen, das zu vergessen, was wir über das Schreiben gelernt haben.

So leert sich der innere Raum von Vorstellungen, und ETWAS beginnt zu schreiben, In wilder, furchtloser Frische, aus einer aufgeweckten, stillen Seele. Einzigartig. Im Zauber des Jetzt.

schreiborte II

Gepriesen seist Du, mein Herr, durch Bruder Wind.
Durch jegliche Witterung, durch welche Du
Deinen Geschöpfen Erhaltung gewährst.

FRANZISKUS VON ASSISI, Sonnengesang

Bruder Wind, gepriesen von Franziskus, fegt durch die Gassen Assisis.
Gepriesen von ihm auch jede Witterung. Jede. So preise ich mit ihm heute
den Sturm über Assisi, die Nässe, Kälte und Verwehungen meines Lebens,
während ich durch die Kirchen streife.

Wollte erst einmal ankommen hier auf dem umbrischen Hügel. Diese Kir-
chen stehen an alten, kultischen Kraftplätzen, im Westen der Tempel der
männlichen Gottheit, im Osten der der weiblichen. Ich begann mit Franzis-
kus heute morgen, er, der wie kein anderer seiner Zeit ein Mann der Zukunft
war, in seiner bedingungslosen Liebe zu allen Geschöpfen, Wesen, Gestirnen,
in seiner sanften spirituellen Revolution, er könnte mich doch halten hier, im
Sturm und in der Stille meines Alleinseins. Mich lehren, immer wieder neu,
welch wunderschöner Ort unsere Erde ist und welche Freude, darauf zu
leben. Der vereinfachen wollte, auf das Wesentliche zurückführen.

Und seiner Zeit gemäß verlor er sich im doppelten Sinn im Gekreuzigten.
Und auch in seiner Gemeinschaft, die nur dem Frieden dienen wollte, waren
schön früh die Querelen Gast.

Gepriesen auch sie. Unserem Erhalt dienend.

Warum ich hier bin? In diesem kalten Sturm? Weil der Blick weit ist? Weil es
ein Platz von alter Kraft ist? Noch steht der Tempel der Minerva, in der Mitte
zwischen Ost und West. Goethe kam nur dieser paar Säulen wegen und ach-
tete mit keinem Wimpernschlag den katholischen Überfluss. Weil hier so viel
gebetet wird? Auch lustig gelebt auf italienische Weise? Weil sich die Kräfte
verbinden hier, West und Ost, männlich und weiblich, und der Große Geist –
wie immer wir ihn nennen – spürbar ist? Zum Schreiben? Was weiß ich. Ein
Impuls – gebucht, getan. Wer fragt? Einfaches, fragloses Leben.

Und nachmittags Clara, Franziskus' schwesterliche Weggefährtin. Es war
damals im 13. Jahrhundert nicht so einfach für eine Frau, ihren eigenen Weg

zu gehen. Sie wagte einen gefährlichen Schritt – sie verließ ihr Elternhaus durch die einzig unbewachte Pforte, die für die Toten. Alles hinter sich lassend, um sich ganz dem EINEN *hinzugeben. Immer wieder neu, täglich, sekündlich.*

Ich saß heute in der ihr gewidmeten Kirche, in dieser wunderbaren, feinen Energie und konnte den Gekreuzigten nicht mehr sehen, wie er sich leidend über mir wand. Und über den Kindern mit ihren kleinen Rucksäckchen und Trippelschritten, über diesen trübsinnigen Nonnen und eunuchisierten Patres, die sich über den Marmorboden schleiften. Wie auch anders, wenn sie ständig mitleiden. Eine ganze Religion, die in diesem Bild stecken geblieben ist.

Mit Clara sprechend, klopfte gleich eigenes altes Leid noch einmal an – meine ungeborene Tochter Clara. Nicht dass ich sie heimgeschickt hätte, nein, ich hatte sie gar nicht erst eingelassen, als sie vor der Pforte stand. Und später war zu spät. Manchmal kommt sie und begegnet mir im Geheimnis der ungeborenen Liebe. Während ich also mit der einen Clara theologisierte, besänftigte mich die andere. Und in der Stille dahinter feierten wir die zeitlose Auferstehung. Auferstehung ist der Paradigmenwechsel. ETWAS *wird in seiner wahren Wesenheit auf einer anderen Ebene sichtbar.*

So ein Sturm. Konnte kaum die Läden in meinem Apartement schließen.

Gepriesen sei der Orkan der Nacht. Einzig und allein meinem, Deinem Erhalt dienend.

_____ der anfang

Wo immer du dich befindest, dort ist der Ausgangspunkt.
KABIR

In einem kreativen Schreiben beginnt man einen Text am Punkt der meisten Energie. Das muss nicht der Anfang sein (kann es aber natürlich). So ist jeder Anfang recht.

Die meisten von uns sind von der schulischen Konditionierung her so geprägt, dass wir uns das, was wir schreiben wollen (oder sollen), erst einmal ernsthaft überlegen, dann gliedern und dann von Anfang an niederschreiben. Oder eben auch nicht, weil es irgendwie so nicht geht. Es ist ein Vorgehen, das einem einseitig auf dem linearen Denken basierenden Bildungssystem folgt. Ein sehr lebendiges Beispiel, wie Teile dieses Bildungssystems immer noch weit davon entfernt sind, die schöpferischen Kräfte im Menschen einzuladen, fand ich vor kurzem in der Biographie einer jungen Frau[12]. Sie beschwert sich am Abendbrottisch im Kreis ihrer Familie über ihre schlechte Aufsatznote. Ihre ältere Schwester blickt auf den Aufsatz und meint dann, sie solle sich einfach für immer davon verabschieden, in der Schule gute Geschichten erzählen zu wollen. Es gehe dort ausschließlich um die Form. Sie rät ihrer Schwester, immer das einfachste Thema, am besten das langweiligste, zu wählen und dann eine Einleitung zu schreiben, irgendeinen Höhepunkt zu kreieren und am Ende bloß nur noch mal auf den Anfang zurückzukommen und einen moralischen Schluss zu ziehen.

Vier Wochen später bekam die Autorin die Chance, die Methode ihrer Schwester auszuprobieren. Sie verzichtete auf phantasievolle Wortkaskaden, hielt sich sklavisch an das vorgegebene Muster und bekam prompt eine Eins zurück, über die sie sich natürlich nicht freuen konnte; sie war vollkommen desillusioniert.

Viele von uns haben mehr oder weniger diese Art der Schulung durchlaufen. In dieser Art alter Schule würden Sie, wenn Sie zum Beispiel Ihre Biographie schreiben wollen, einen Plan machen und dann beginnen, ihn abzuarbeiten. Und natürlich gehen die meisten davon aus, bei Ihrer Geburt zu beginnen.

Bitte – es ist nichts »Schlechtes«, einen Plan zu machen. Wunderbar, wir brauchen unsere Pläne. Es geht jetzt nur darum, auch die *andere* Seite zur Verfügung zu haben, die planlose, die, die im Einklang mit einem inneren Lebensrhythmus ist, aus einer tieferen Quelle unseres Menschseins geboren. So haben wir dann beides – das gibt leichter ein Ganzes. Das Beginnen mit dem *Punkt der meisten Energie* entwickelt eine vollkommen andere Dynamik, da *Energie* ein ganz direkter Lebensimpuls ist.

25

In einem kreativen Schreiben beginnen Sie mit dem Ereignis in Ihrem Leben, das *im Moment* – heute – am meisten mit Energie besetzt ist. Morgen könnte das schon wieder ein anderer Punkt sein. Vielleicht haben Sie sich vor zwei Jahren von Ihrem Partner getrennt oder gerade Ihre Mutter verloren oder ein Kind geboren, und dieses Ereignis ist in Ihnen zutiefst lebendig, präsent im Vordergrund stehend. Beginnen Sie damit – diese lebendige Energie wird Sie führen.

Zu einem späteren Zeitpunkt wird dies vielleicht der Anfang bleiben, oder Sie stellen diese Erzählung im Bogen Ihrer Biographie an eine andere Stelle. Heute, in der Zeit des Hilfsmittels Computer, kein Problem.

Wie Sie jetzt schreibend in diesen Strom eintauchen, dazu gibt es viele Wege. Einer ist, sich erst einmal zu sammeln, nach innen auf das zu lauschen, was spontan auftaucht. In den folgenden Kapiteln machen Sie Erfahrungen mit den unterschiedlichsten Übungen, die als »Einstiegshilfen« in einen Text dienen, aus denen heraus dieser Punkt auftaucht. Sie werden Stück für Stück hineinwachsen. Strengen Sie sich nicht an, folgen Sie einfach den einzelnen Schritten.

Bei der folgenden Übung lade ich Sie ein, es erst einmal über die innere Sammlung zu versuchen. Wenden Sie sich nach innen und stellen Sie sich die Frage, wie ich sie in der Übung beschreibe. Dass es in diesem Versuch um einen Brief geht, es also ein inneres Gegenüber, ein Du, gibt, erleichtert den Zugang.

2

meiste energie

Entspannen Sie sich. Versenken Sie sich nach innen. Schreiben Sie einen Brief an einen Ihnen vertrauten Menschen und versuchen Sie einmal, genau zu spüren, was als »Punkt mit der meisten Energie« in Ihnen auftaucht. Das kann blitzschnell gehen, kann etwas völlig Unerwartetes sein oder etwas, von dem Sie meinen, das gehört jetzt aber nicht hierher. Es kann etwas sein, das aus Ihrem eigenen Leben spontan auftaucht, aus der Jetztzeit oder der Vergangenheit, oder eine versteckte Kleinigkeit aus Ihrem Alltag, die Sie bisher gar nicht beachtet haben, es kann etwas sein, das in Bezug zu diesem Menschen auftaucht, oder etwas aus Ihrem Arbeitszusammenhang. »Die meiste Energie« ist nicht deckungsgleich mit »wichtig«. Wesentlich ist, dass Sie beobachten, wie etwas in Ihnen *von alleine nach vorn* tritt, wenn Sie den Raum dazu geben. Dieses Etwas führt Sie in den Brief und von dort aus weiter.

Wagen Sie den Versuch. Bleiben Sie entspannt.

Schreiben Sie.

 es schreibt

Lassen Sie sich selbst beiseite. Hören Sie auf, gut sein zu wollen.
Wir werden zum Vehikel VON ETWAS, DAS sich ausdrücken will.
HENRY MILLER

Ein Text muss nicht mit der ersten Niederschrift fertig sein. Das klingt so selbstverständlich und ist es doch nicht. Viele von uns stehen vor dem Aufschreiben eines inneren Bildes, eines Gedankens, eines Erlebens, eines Textes für ihre Arbeit unter großem innerem Druck. Teilweise tauchen extreme Ängste auf, zu versagen, nicht schreiben zu können, unfähig zu sein. Bei einigen von uns hat das wie gesagt mit der schulischen Konditionierung zu tun, denn vielfach mussten wir in der Schule Texte verfassen, die wir nicht skizzenhaft entwerfen konnten, die nicht Zeit zum Wachsen, Sichentwickeln hatten, sondern die in der ersten Niederschrift fertig sein mussten und dann auch noch zensiert wurden. So etwas prägt natürlich. Und schafft Druck und Enge. Und ist natürlich auch ein Spiegel des materialistischen Weltbildes unserer Gesellschaft, innerhalb dessen Menschen wie eine Maschine gehandhabt werden. Bei einigen von uns sind diese Ängste auch eine viel grundlegendere Folge einer Scheu, überhaupt etwas von sich auszudrücken. Und da wir durch

27

Schreiben gnadenlos sichtbar werden, sind in diesem Kontext die Ängste besonders groß.

Es gibt unterschiedliche Ebenen, mit diesem Druck und diesen Ängsten umzugehen.

> *Versuche es noch mal. Versage gekonnter.*
>
> SAMUEL BECKETT[13]

Im *Äußeren* schlage ich vor, Ihr Schreiben um das Element des Übens, des Skizzierens, der Momentaufnahmen zu bereichern. Die erste Fassung eines Textes ist eine unzensierte Skizze, ein echter Wilder aus unerforschtem Gelände, die Rohfassung der Rohfassung der Rohfassung.

Die *innere* Ebene des Umgangs mit diesem Druck und den Ängsten ist sehr tief und existenziell. »Lassen Sie sich selbst beiseite«, damit erübrigen sich Ängste und Druck, und lassen Sie ES übernehmen. Das sagt sich so einfach. Ist so einfach. Und ist natürlich ein Übungsweg. Was lässt uns den Stift in der Hand halten? Unser Herz schlagen? Unseren Fuß die Erde betreten? Wer schreibt?

»Wir werden zum Vehikel von ETWAS, DAS sich ausdrücken will«, sagt Henry Miller. In einem kreativen Schreiben wird dieses ETWAS, DAS schreibt, der »innere Schreiber«, die »innere Schreiberin« genannt.

Wenn wir eintauchen in diese innere, mit allem verbundene Ebene, in unseren Seinszustand, dann erübrigen sich auch die ganzen schrecklichen Vorstellungen davon, dass »mir« nichts einfallen könnte. Und dieses Wort bringt es sehr fein auf den Punkt – etwas fällt ein. Genau das ist der Vorgang, um den es geht. Es einfallen lassen, weit den inneren Raum öffnen. Nur dieses »Mir« steht da eben manchmal im Weg. »Mir« fällt nichts ein. Da steht die Person dem »Einfall« im Weg, dem Fall in das Eine und dem Fall aus dem Einen. Weil »ich« meine, ich müsse gut sein, etwas schaffen, kreativ sein, leisten.

Goethe berichtet, dass er sich zum Schreiben in einen halbwachen Zustand versenkte und in diesem Zustand ganz spontan dem inneren Bilderstrom gefolgt ist, den er dann zu Papier gebracht hat.

Lassen Sie sich selbst beiseite.
Es gelingt.

3
skizze

Nehmen Sie einen Bleistift und zeichnen Sie eine schnelle Skizze ihrer Umgebung – ein paar Striche, leicht und hurtig aufs Papier gesetzt.

Wenn Sie an einer Stelle Lust haben, es noch etwas genauer zu zeichnen – tun Sie es.

Jetzt versuchen Sie dasselbe leichte, flüchtige Aufsetzten des Stiftes mit Worten. Skizzieren Sie, was Sie sehen, leicht, in unvollständigen Sätzen. Wenn die Worte Sie an einer Stelle weitertragen wollen – folgen Sie ihnen.

4
der innere schreiber – die innere schreiberin

Entspannen Sie sich. Verlangsamen Sie jede Ihrer Handlungen, Atmen, Sehen, Denken, das Spitzen des Stifts. Sitzen Sie einen Moment in Stille.

Lassen Sie jetzt die Stille in sich langsam den Stift ergreifen und führen. Versuchen Sie wirklich einmal, ETWAS in Ihnen schreiben zu lassen. Das kann in Ihren Augen reiner Blödsinn sein. Es ist einfach ein Versuch.

Etwas schreibt.

Sie staunen nur.

Heute Mittag, nachdem ich ein paar Einkäufe erledigt und wieder einige neue alte Gassen geübt hatte, war Claras Haus verschlossen. Kein Wunder nach meinem gestrigen Debattieren bei ihr. So setzte ich mich ins Grand Caffe und gönnte mir einen Cappuccino und ein Baci di Santa Chiara. Und vergaß meine Uhr dort. Wer vergisst?

So musste ich also nachmittags noch einmal von meiner Höhe unter dem Rocca ins Centro hinabsteigen und meine Uhr suchen. Und wenn ich schon da bin – gehe ich einmal zur Kapelle des Heiligen Antonius in der Franziskanischen Unterkirche. Wer geht? Was lässt es aufhören zu regnen? Es stürmt immer noch. Zu meiner und der Assisianer Erhaltung.

Vor der Antoniuskapelle ist ein verschlossenes Gitter. Also setze ich mich auf eine Bank davor im Mittelschiff, ganz nah den Stufen zur Krypta, in der die Gebeine des Franziskus bewahrt werden. Plötzlich wird es laut, weil eine ganze Schulklasse aus dem Untergrund hervorsprudelt. In ganz Assisi rennen fortwährend Schulklassen herum, noch mehr als Mönche und Nonnen – von denen es übrigens auch sehr viele leuchtende, wache gibt, nicht nur schlurfende –, es ist eine Seltenheit, irgendwo zu sitzen und keine überfällt einen, voran der Lehrer mit Pscht-Pscht-Pscht-Rufen, die allein die Engel auf den dunklen Fresken hören.

Wenn eine Klasse rauskommt, ist vielleicht einmal keine unten – weg war ich von Antonius. Und fliege in Franziskus' Arme. So eine Liebe. Nur drei stille Betende teilen mit ihm und mir die Kirche unter der Kirche unter der Kirche. Unendlich feiner Duft durchzieht die Krypta. Welch ein Geschenk, in Stille zu sein an einem solchen Ort. Danke, Antonius.

Es ist wie eine Lektion, die mich weiter das Menschsein lehrt. Denn auf dem Herweg war ich vor einem der vielen Schmuckgeschäfte stehen geblieben, einem, das ein ganzes Fenster dem TAU widmete. Franziskus hatte Briefe, Texte und Segnungen mit diesem Zeichen unterschrieben, dem letzten Buchstaben des hebräischen Alphabets, geheimnisvolles Symbol in der Bibel. In diesem Schaufenster nun galt es in heutiger Symbolik als Zeichen für die »Franziskanische Spiritualität«, die sich in »Demut und Liebe zu Frieden und zu allen Geschöpfen« ausdrückte. Ich pappte mit meiner Nase fast an der Schaufensterscheibe und war abseits allen Kommerzes berührt.

Dachte an meine Lehrerin Irina Tweedie, die oft mit IT, ihren Initialen, aber eben auch dem englischen »ES«, unterschrieben hatte, und wusste, dieses Tau hat eine ähnliche Symbolik. Und dann kamen mir all die Fragen über die Rezeption der Heiligen. Es bleiben fast immer nur die Botschaften der Liebe und des Friedens. Und was geschieht mit all den Querelen, die es auch in seiner Gruppierung gab? Wie organisiert man eine Gemeinschaft, ohne sie zu organisieren? Franziskus wollte keine Institution, er wollte ein einfaches Leben mit den Freunden und Freundinnen führen. Das war alles. Selbst als seine Gruppe schon ein institutionalisierter Orden war, weigerte er sich, dessen Abt zu sein.

Habe vor einiger Zeit selbst so ein Umfeld nicht gerade leichten Schrittes verlassen, in dem es mir zu eng geworden war. Wie bekommen menschliche Unzulänglichkeiten ihren Platz in einem spirituellen Rahmen? Gibt es sie überhaupt – wirklich? Sind es nicht nur Bilder davon, was »spirituell« ist? Sind es nicht Überbleibsel von Vorstellungen, was heilig und was profan ist? Ist es nicht gerade diese Trennung, die die Schatten tanzen lässt? Diese Frage beschäftigte mich noch recht nah.

Dann saß ich da in der Stille, versunken im Duft und dem Licht hinter dem Licht der Düsternis des Ortes, meine Füße auf dem Boden in feinem Zittern, und begriff, was auch zum Paradigmenwechsel gehört: Die künftigen Vorangehenden werden sich in allen Seiten ihres Menschseins zeigen. Denn der Versuch der Lehrer, Meisterinnen und Heiligen, nur das einseitige Bild von Vollkommenheit zu leben, zu zeigen, gelang ja meistens nicht so recht. Was kam in den letzten Jahren alles an Schattenseiten zutage von den buddhistischen Rinpoches, die sich über ihre Schülerinnen hermachten, und den pädophilen katholischen Priestern bis zu Krishnamurti, der ein Verhältnis mit der Frau seines engsten Mitarbeiters hatte (kein Wunder, dass der dann eines Tages heftig zurückschlug – nur Krishnamurti wunderte sich). Und wenn es die Heiligen oder Lehrer nicht selber taten, waren es die Schüler und Nachfolgenden, die die Theorie aus unfehlbarer Vollkommenheit über ihre Meister bauten.

Das ist vorbei. Unfehlbarkeit gehört dem alten Paradigma an. Es ist der Versuch, die tiefste Wesenhaftigkeit, unseren Urgrund, innerhalb eines Bildes, wie wir sein sollten, zu verwirklichen. Aber Gott wollte offenbar eine oft

31

grantige Teresa von Avila, kein harmoniesüchtiges Weiblein. Diesen Grant brauchte sie vielleicht für ihre große Tatkraft.

Der neue Blick richtet sich auf das einzig Lebendige im Menschen, das leuchtet; die Taten sind unendlich vielfältig und verschwimmen. Und was dann geschieht, wissen wir noch nicht.

»Madame, wir schließen«, ertönte die Stimme des Aufsehers, mich fast vom Stühlchen schmetternd.

Fehlbar. Fehlbar. Froh ans Werk.

 freilegung

> *Man hält die Feder hin,*
> *wie eine Nadel in der Erdbebenwarte,*
> *und eigentlich sind nicht wir es, die schreiben; sondern*
> *wir werden geschrieben. Schreiben heißt: sich selber lesen.*
> MAX FRISCH[14]

Es ist mit einem geschrieben Text, wie es die Bildhauer so oft beschrieben haben – sie geben nicht die Form in den Stein hinein, sondern sie sehen die Form im Stein enthalten. »Wenn ein Meister ein Bild macht aus Holz oder Stein, so trägt er das Bild nicht in das Holz hinein, sondern er schnitzt die Späne ab, die das Bild verborgen und verdeckt hatten; er gibt dem Holz nichts, sondern er nimmt und gräbt ihm die Decke ab, und dann erglänzt, was darunter verborgen lag.«[15]

Unsere zeitlose Wesensnatur.

Mit der Betrachtung des inneren Schreibers, der inneren Schreiberin ändert sich natürlich auch das Bild darüber, woher der Text eigentlich kommt. Mache »ich« den Text?

Es ist eine große Erleichterung, das Bild umzukehren – der Text ist schon vollkommen in mir angelegt, ich muss ihn nur noch freilegen. Schreiben ist also ein Freilegungsprozess, der Schritt für Schritt geschieht. Manche Texte sind recht kühn, die werfen sich einfach so direkt nach vorne, dass es ein Leichtes ist, sie zu erhaschen. Bei Gedichten geschieht das manchmal im Morgengrauen. Oder diese Gedichte sind so schlau, dass sie sich Momente großer Durchlässigkeit suchen, in denen sie es nicht so schwer haben, in Erscheinung zu treten. Wer weiß.

Bei den meisten Texten ist es aber ein Schritt-für-Schritt-nach-vorn-Treten. Jede Schicht der Überarbeitung legt ihn weiter frei. Ein Text lebt spiralförmig, arbeitet sich ins Bewusstsein.

Sofort spüre ich, ob etwas geht oder nicht. Wenn es gehen kann, ist es selbständig, kann auch ohne mich leben. Beim Schreiben höre ich einfach die Gehbarkeit des Satzes ab. Im Ohr gibt es eine Lichtlinie. Mit geschlossenen Augen sieht man sie am besten. Eine Linie, auf der die Sätze vibrieren. Als ihr Strom. Tanzt die Linie in einer Harmonie, weiß ich, der Satz ist bei sich zu Hause, und ich kann ihn lassen. Gibt es die Linie nicht, oder schwingt sie eigenartig in die Tiefe hinunter oder in die Höhe hinauf, hat sich der Satz sein Leben nicht erarbeitet und muss noch einmal geboren werden. Das macht er aber selbst. Mein Ich ist still dabei und hört seinem Kommen zu. Dann geschieht der Satz. Er geschieht mir, und er geschieht sich selbst. Ich lasse ihn ruhen. Auf dem Papier. Und in meiner Erinnerung an ihn. Hin und wieder verstehe ich selbst diese Sätze, die Satzordnungen nicht. Lasse aber die Fragen des Kopfes ruhen, für später.
Die Sätze sind wie ein musizierendes Orchester aufgebaut. Das Brustland dirigiert es. Ich schaue zu und notiere. Fühle hier. Fühle dort. Gehe zurück. Schaue da nach. Hier unter, hier vor, hier gleich wieder zurück. Möglichst auf einmal soll alles da sein. Möglichst die ganze Musik. Alles, auch das Semikolon, hat seine Zeit im Satz. Ich notiere, höre, schwinge mit dem Körper mit. Dann ist ein Satz entstanden, und ich bin sein die Arbeit ausführender Angestellter, sein Mittler gewesen. Mehr nicht.[16]

MARICA BODROZIC

So ist Schreiben Lauschen. Tiefes Lauschen. Und das bezieht sich keineswegs nur auf persönliche oder literarische, sondern auch auf wissenschaftliche oder journalistische Texte, für die viel Wissen oder Informationen gesammelt wurde. Vielleicht ist es in unserer heutigen Zeit noch unvorstellbar, dass ein Wissenschaftler oder Journalist sich hinsetzt und sich tief in sein Inneres versenkt, bewusst angeschlossen ist an ein universelles Bewusstsein, aus dem heraus er seine Arbeit tut und schreibt – um das Bild einmal ganz praktisch zu zeichnen. In dem Moment aber, in dem es um die Verknüpfung von Inhalten und einem höheren Bewusstsein als unserem vordergründigen Intellekt und unseren Eigeninteressen geht, wird klar, dass sich dann Wissenschaft und Journalismus in einer grundsätzlich anderen Ausrichtung zeigen werden – der zum Wohle der Menschheit. In dieser Ausrichtung ist auch wissenschaftliches und journalistisches Schreiben ein stilles Lauschen.

Das Bild des vollkommen angelegten Textes ändert natürlich auch den Vorgang der Textbearbeitung. Was braucht der Text, um ganz er selbst zu werden – das ist die neue Frage. Nicht: was ist noch nicht richtig, wo sind Fehler, was ist falsch, wo bin ich nicht richtig, oh alle meine Unfähigkeiten …

So wird Überarbeitung nicht mehr die Suche nach den Fehlern und Unvollkommenheiten, sondern das Umgekehrte – das Freilegen des Vollkommenen. Und das kann immer nur Annäherung sein, denn das Vollkommene ist stete Bewegung, Dynamik und in der Erscheinung immer flüchtig, sich dem Festen entziehend.

5
körper

Entspannen Sie sich. Schauen Sie, dass Sie sich wohl in Ihrem Körper fühlen. Setzen Sie sich eventuell an einen angenehmeren Platz.

Und wenn Sie sich so um das Wohlsein Ihres Körpers kümmern, würdigen Sie heute einmal wieder, welch grandios vollkommenes Kunstwerk er ist. Heute, für einen stillen Augenblick, hat er das verdient.

Denselben Blick der Würdigung schenken Sie jetzt einmal dem GROSSEN GANZEN UNIVERSUM. In seiner unvorstellbaren lebendigen Dynamik. Und diese Kraft wirkt in Ihnen. (Und manchmal meinen wir, wir könnten der ins Handwerk pfuschen. Absurd, wenn wir es einmal aus etwas Abstand betrachten.)

Bleiben Sie entspannt. Treten Sie zur Seite, halten Sie die Feder hin und lassen Sie einmal diese Bewegung in Ihnen, der schon das Universum einfiel, ein paar Sätze über Ihren Körper schreiben.

Lauschen Sie.

Halten Sie die Feder hin. Bis ein leises Zittern Sie ergreift und führt.

 schreiben ist vergessen

Ein ganzes Leben reicht nicht aus zu verlernen,
was du dir, leichtgläubig und unterwürfig,
hast in den Kopf stecken lassen, ohne an die Folgen zu denken.
HENRI MICHAUX

Schreiben ist Vergessen. Uns selbst als Erstes. Selbstvergessen sind Kinder in ihrem Spiel. Sind die Erwachten in ihrem Sein. Sind die Schreibenden, die den Stift oder die Tastatur alleine gehen lassen.

Vergessen Sie das, was Sie in der Schule über das Schreiben gelernt haben und was Ihnen heute nicht mehr guttut. Und vergessen Sie Kontrolle, den Blick auf das Ergebnis, die Suche nach der Bedeutung für die Menschheit, die ausdauernde Beschäftigung mit dem eigenen Versagen und den abgründigen Ängsten, was wohl die Leute, Mutter, Vater, Leute, Freunde, Chefs und Fremde dazu sagen könnten.

Es schreibt. Und Sie werden sehen, wem es sich eines Tages mitteilen möchte. In der Tiefe, in der es entsteht, nur sich selbst.

Vergessen Sie in den ersten Schichten der Freilegung und Überarbeitung auch Orthographie- und Grammatikregeln.

Ich habe mir aus allen Regelvorschlägen das herausgesucht,
was mir am besten gefiel,
und verwende jetzt eine Mischung aus alter,
neuer und selbsterfundener Rechtschreibung.

JULI ZEH[17]

Diese Regeln braucht der Text erst, wenn er wirklich bereit ist, in die Welt zu ziehen. Da allerdings ist es fein, Anzug und Krawatte ganz korrekt anzulegen, denn Selbstsabotage-Spiele braucht man nicht mehr, wenn man aus der Tiefe schöpft.

Nicht ergebnisorientiert zu arbeiten ist gar nicht so einfach. Aber vielleicht kennen Sie die Technik beim Malen: Man trägt Farbe auf, lässt sie verlaufen, aus dem Verlaufenen taucht Form auf, die wird mit bestem Handwerkszeug herausgeschält, verdeutlicht. So kann es beim Schreiben auch geschehen. Wörter tauchen auf, ich stelle sie auf mein Papier, lasse sie sich bewegen (durch meine tiefe Entspannung), lasse mich von ihnen anlachen, hineinziehen, ergreifen, führen und lausche, wohin sie sich bewegen.

6

vorstellungen

Schreiben Sie einige Wörter aus dem sehr ernsten und sachlichen Kontext Ihres Arbeitsfeldes lose verteilt auf ein Blatt. Vielleicht auch, was Sie allgemein über Arbeit denken.

Sammeln Sie dann einiges von dem, was Sie sich im Laufe Ihres Lebens in leichtgläubiger Weise über sich, die Welt und das Schreiben haben in den Kopf setzen lassen, und schreiben Sie diese Sätze, Bilder, Halbsätze, Wörter, Meinungen in die Lücken zwischen Ihren Arbeitswörtern auf das Blatt.

Bilden Sie jetzt Nonsens- und Entschärfungssätze aus dem vorbereiteten Material, vor allem, indem Sie so oft wie möglich die beiden Verkleinerungs-Endungen (-chen und -lein) an Ihre Wörtchen hängen, um dabei doch noch eine Menge Späßleins zu entwickeln.

Vergessen Sie dabei möglichst alles, was Sie über sich und die Welt gelernt haben, und schauen Sie frisch, nackt und neu auf alles. Auch auf sich und Ihr Schreiben.

Lesen Sie den Text laut.

Wenn es gar nicht anders geht: Lachen oder weinen Sie.

anfängergeist

Nachdem Sie sich nun im Vergessen geübt haben – eine lebenslange Aufgabe –, ist der offene Geist frei, als gute Anfängerin, als guter Anfänger leicht den Stift aufzusetzen. In jedem Moment neu.

Wenn wir dem Schreiben Raum geben und wir selbst aus diesem Raum heraustreten, kann das Neue, Unerwartete, Unvorstellbare erscheinen. Einfach so. Frei und still. Aus dieser Stille heraus öffnen sich die »Zwischen«-Räume, in denen sich der Text – als sichtbare Erscheinung – gestaltet. Dann öffnet sich auch unser Denken und Fühlen.

Ohne Stille und ohne uns ein freies, wildes, offenes Denken, Erleben, Wahrnehmen zu erlauben, letztlich ohne dieses geheimnisvolle Jetzt-Gewahrsein, bleibt der Text flach. Erst ein Text entlang dem Unbekannten, Unerwarteten hat den Geschmack der Frische.

Überantworten Sie Ihre Ausdruckskraft etwas Größerem als Ihnen. Lassen Sie DAS schreiben. Mischen Sie sich nicht ein. Lassen Sie es diesen wachen, empfänglichen Geist in Freude tun. Offenbaren Sie eine Landschaft, die vorher noch keiner sah. Bringen Sie es dar, dem Leben, dem Göttlichen, wem oder was auch immer. Beginnen Sie Ihr Schreiben damit, dass Sie es abgeben, und geben sie »das Produkt« ab. Legen Sie es auf den Altar des Seins. Ohne Sie. Ohne Ihre Anstrengung, ohne Ergebnisvorstellungen, ohne Identifikation mit dem Ergebnis. So dass das Sein eines Tages selber spricht. Als täte es das nicht schon jetzt. Das ist diese wunderbare paradoxe Situation, jene Quadratur des Kreises: Alles, was geschieht, was geschrieben wird, ist in einer vollkommen zeitlosen Dimension einfach Sein und vollkommen so, wie es ist. Und in der Dimension der Zeit, des Übens gibt es doch eine Annäherung an den Vorgang, dass wir und unser Text immer transparenter, durchlässiger werden für das, was ist.

Wie in unserem ganzen Leben spiegelt sich dieses Paradox auch im Umgang mit den Übungen aus einem kreativen Schreiben. Sie wollen Anstöße geben. Themaverfehlen im alten Sinne gibt es nicht. Der schöpferische Raum ist unendlich weit und vielfältig.

Nicht nur die grundsätzliche innere Haltung dem Schreiben gegenüber braucht diesen offenen Anfängergeist, sondern auch das Herangehen an die Übungen.

Es geht beim Umgang mit den Übungen um ein Maß der Mitte – einerseits ist es hilfreich, den Übungen zu folgen, um Neues zu entdecken, andererseits geht es nicht darum, den tiefen Strom zu unterbrechen, wenn er fließt. Übungen *dienen* nur und sind teilweise so offen formuliert, dass es viele Einstiegsmöglichkeiten gibt.

Manchmal geschieht es aber, wenn wir noch nicht sicher »im Fluss« sind, dass wir alte, eingefahrene Muster nicht unterbrechen wollen und sie mit dem inneren Schreiber verwechseln – weil es ja so »fließend« von der Hand geht.

Also – haben Sie den Mut, sich in einer offenen Haltung auf eine Übung einzulassen.

Anfängergeist. Jeden Moment. Das heißt, sich auch einmal eine Nacht um die Ohren zu schlagen, um sich einer einzigen Frage wirklich in aller Tiefe zu stellen – das hat etwas Radikales. Das ist unbedingt notwendig uns selbst gegenüber, das ist tiefster Respekt vor uns selbst. Nichts kann uns vor dem Alleinsein im Schreiben retten. Das heißt auch, sich nicht mehr vor den Fragen zu drücken, die so leicht unter der Oberfläche nagen.·

Furchtlos sich selbst gegenüber. Adlerinnenqualität. Adlerqualität.

Dazu gehört auch die Kraft des ersten Gedankens, bevor die Zensur eingreift, bevor der innere Kritiker einsetzt und Qualität zweiter Wahl liefert. Der erste Gedanke hat oft eine Impulsqualität, ist also angeschlossen, eingebettet in eine tiefere Intuition.

Erste Gedanken haben oft noch diese natürliche Beweglichkeit abseits der Sicherheitsvorstellungen des Ichs.

Dieser erste Gedanke ist voller Gegenwart, voll der großen Kraft der Präsenz, eins mit Ihnen und dem Atem des Universums, frisch, im Klang der Wahrheit.

Nicht nur in der inneren Haltung dem Schreiben gegenüber, sondern auch später dem Geschriebenen gegenüber möchte der Anfängergeist wach bleiben. Bezogen auf den Text braucht es ein offenes Zuhören.

Dabei geht es immer um den Text – nicht um die Person, die ihn geschrieben hat. Wie ich schon sagte, ist ein frischer Text wie ein Neugeborenes – es ist viel zu früh, um ihn zu bearbeiten oder von wohlmeinenden Freunden Kritik einzuholen. Er braucht erst einmal eine Würdigung, dass er da ist, ein Lauschen mit dem offenen Herzen, ohne Bewertung. Was ist, ist. Ein Staunen über die Vielfalt und Einzigartigkeit.

Ein frischer Text ist sehr, sehr empfindlich. Er braucht eine Hülle aus Achtsamkeit und Zeit. Die Arbeit am Text, der aus der Tiefe entstanden ist, kommt erst später.

Würdigen Sie Ihren Text. Lassen Sie sich auf das Experiment ein, für Ihren Text einen Raum zu schaffen, in dem nicht gleich sofort bewertet, kritisiert, eingeordnet, über Qualität entschieden wird. Er ist einfach erst einmal da. So wie die Blumen auf dem Felde …

Schreiben Sie Ihren handgeschriebenen Text noch einmal ab, mit der Maschine, dem Computer oder noch einmal mit der Hand. Lesen Sie ihn sich heute Abend einmal vor oder Ihrem Haustier oder dem Baum vor Ihrem Fenster. Und bitten Sie um offenes Zuhören.

Das ganze Universum ist mein Schreibzimmer,
das Licht der Sterne meine Tinte.

Ich hatte einfach den Impuls, während meiner kurzen Reise in die Libysche Wüste Ägyptens über Schreiborte und -materialien zu schreiben.

Also, mein augenblicklicher Schreibplatz kann Nahrung sein für jede Art von romantischem Bildmaterial: Die Schriftstellerin sitzt auf einer rohgezimmerten Akazienholzbank im stillen Dattelpalmenhain, junge Olivenbäume geben ihre ersten Früchte, Oleander und Hibiskus verschwenden sich in feinabgestimmtem Magenta, und wenn ich den Blick vom Blatt hebe: nur Sanddünen und die Kalkberge der Wüste. Aber solche Bilder brechen natürlich schnell – im Hintergrund, ein paar hundert Meter entfernt, tummeln sich auf dem Parkgelände der heißen Quelle ein paar Schulklassen, am fröhlichen Lärmen gehalten von vielen Phons aus rhythmischer ägyptischer Sehnsucht.

Mich selbst stört das nicht; es freut mich, dass die Kinder da drüben so viel Spaß haben. Gerade die Kinder der Wüste haben ja wenig Grün und wenig Wasser in ihrem alltäglichen Spielbereich. Stört sie es?

Romantische Bilder sind brüchig. Sinnvoller ist es, Sie suchen sehr genau die *für Sie* stimmigen Bedingungen. Und lassen auch die wieder los.

Ich selbst schreibe zum Beispiel nicht wirklich gerne im Freien. Außer es geht um Naturbetrachtung, da ist ein wunderbares Eintauchen. Aber in dem Moment, in dem es um das Halten eines größeren Bogens oder eines tiefen Eintauchens in einen längeren Text geht, bevorzuge ich den geschlossenen Raum. Experimentieren Sie.

Hilfreich kann zu Hause ein zweiter Schreibtisch sein – einer für die Rechnungen, beruflichen Konzepte und sonstigen Büroarbeiten und einer für Ihr kreatives Schreiben. Aber nicht jede/r hat so viel Platz. Eine andere Möglichkeit ist ein breiter Schreibtisch, auf dem es sich leicht umschichten lässt.

Helmut Dietl schreibt weiterhin am liebsten mit dem Bleistift, und weil er lange Bleistifte noch weniger mag als Computer, schneidet er seine Schreibgeräte in zwei Hälften. Sein Tisch, Teakholz, zwei Quadratmeter, ist übersät von Bleistiftstummeln. Dietl schreibt gerade in seinem Berliner Wohnbüro mit zwei Schreibtischen, einem für Berufliches und einen fürs Private.[18]

Aber überprüfen Sie zuerst, ob Sie überhaupt am Schreibtisch schreiben wollen. Vielleicht bevorzugen Sie das Bistrotischchen im Café gegenüber, oder die Seitenlehne Ihres Sofas im Rücken und eine Schreibunterlage auf Ihren Knien, oder eine Ecke am Boden in Ihrem Wohnzimmer, oder eben eine Bank aus Akazienholz, die Füße auf den Querstreben des Tisches aus Palmzweigen, das Schreibbrett auf den Oberschenkeln … Es gibt keinen idealen Schreibort. Nur den heute bestmöglichen. Experimentieren Sie.

Auch zu den Schreibmaterialien gibt es die romantischen Bilder – das kleine, schwarze Moleskine-Büchlein und der edle Füllfederhalter, mit Goldfeder, versteht sich, und die Tinte aus dem Fässchen.

Moleskines haben den Zauber der Seltenheit verloren, weil es sie – Gott sei Dank – mittlerweile in jedem Kaufhaus gibt, und das mit dem Füller ist auch so eine Sache. Mein Mann hat mir vor vielen Jahren eines jener edlen Exemplare geschenkt, und ich brauchte fast ebenso viele Jahre, ihm zu gestehen, dass ich mit diesem Ding nicht schreiben kann. Ich brauche etwas, das in *meinem* Empfinden leichter über das Papier läuft. Probieren Sie verschiedene Stifte und Stiftarten aus und scheuen Sie sich nicht, zu dem zu stehen, bei dem Sie letztlich landen. Bei mir ist es eine bestimmte Bleistiftmarke. Als ich vor einiger Zeit einmal in einem sehr schönen Schreibwarengeschäft danach fragte, bekam ich im Tonfall höflicher Arroganz die Antwort, dass es diese Marke nur in Supermärkten gebe, nicht in guten Fachgeschäften. Ich verließ den Saal in Würde. Als ich dann im Internet herauszufinden versuchte, wo ich den Nachschub für meine geschätzten Stifte bekommen könnte (der Supermarkt im Nachbardorf hatte still seine Pforten geschlossen), landete ich auf der Seite eines Künstlers, der sich nicht scheute, sich lange über diesen speziellen, einmaligen Härtegrad »meines« Stiftes für die Anfertigung seiner Bleistiftskizzen in seinen Akademieklassen auszulassen.

Experimentieren Sie. Auch mit Formaten und Papierqualität. Die Moleskine-Büchlein sind sicher praktisch auf Reisen, sehr sogar, aber dort dienen sie vielleicht mehr der Notiz, der schnellen Skizze, der Aufzeichnung eines Gesprächs. Zu Hause – reicht Ihnen da dieses Format? Brauchen Sie vielleicht mehr Weite? Schreiben Sie lieber im Hoch- oder Querformat? Auf welcher Papierqualität? Brauchen Sie vielleicht für unterschiedliche Arbeitsgänge anderes Material? Haben Sie, wo immer Sie sind, Papier und Stift zur Hand? Im Bad, in der Küche, im Schlafzimmer, in der Hand- oder Hosentasche? In der U-Bahn? Denn der Mensch mit der dunklen Ausstrahlung dort drüben ist kein Objekt zum Abrücken, sondern einer von uns, über den Sie erzählen könnten.

Ich selbst schreibe zum Beispiel mit Bleistift die Erstfassung eines Textes im Querformat auf leicht gebrochenem Umweltpapier. Das reine Weiß ist mir in dieser Phase des Prozesses, in der leichten Trance oder Versenkung, zu hart. Sobald der Text im Computer ist, erfolgt der Ausdruck auf reinweißem Papier im Hochformat. Experimentieren Sie.

Und auch diese Frage kann ich nur stellen, aber nicht beantworten – mit der Hand oder dem Computer?

> *Mit dem Computer? Nein, mit der Feder.*
> *Man ist mit dem Computer zu schnell zufrieden.*
> *Es sieht dort so schön aus, schon so redigiert.*
> *Dagegen habe ich einen Argwohn.*
> *Schreiben ist irgendwie auch Zeichnen. Die zeichnende Hand denkt.*
> *Und ich denke anders, wenn ich mit der Hand schreibe.*
> MARGRIT DE MOOR[19]

Was ich sagen kann, aus der Erfahrung mit mir und den Menschen aus den Schreibwerkstätten: Bei sehr vielen von uns haben Texte, deren Erstfassung mit der Hand geschrieben ist, oft eine tiefere Herzqualität. Vielleicht ist die direkte Hand-Herz-Verbindung da noch näher. Und ich kenne Menschen, die diese Qualität sehr wohl halten können, auch wenn sie gleich am Computer schreiben. Ich denke, da kann sich in den nächsten Jahren viel ändern, wenn die Jüngeren, die schon mit dem Computer aufgewachsen sind, zu schreiben beginnen. Überprüfen Sie es für sich.

Was die Schreibzeiten angeht, lade ich Sie zu einem guten, alten, kreativen Mittelweg ein. Manche warten ihr Leben lang auf diesen Moment, zu dem sie endlich Zeit zum Schreiben finden. Bisher sind bei mir die Texte all dieser zu früh Gestorbenen noch nicht gelandet.

Für diese Wartenden hat Julia Cameron[20] den Hinweis, dass es ganz viele Momente in einem »normalen« Tagesslauf gibt, in denen Zeit zum Schreiben ist. Im Zug, vorm Aufstehen, wenn das Kind schläft … Dieser Hinweis ist eine großartige Einladung, unser Leben nicht in die Zukunft zu verschieben, sondern die Situation, die wir jetzt vorfinden, zu nehmen und uns darin den Raum zum Schreiben zu geben.

Es kann eine große Hilfe sein, sich feste Schreibzeiten oder -phasen zu gestalten. Auch wenn das Schreiben ein lebendiger Prozess ist, ist Disziplin nötig. Sowohl was Schreibzeit und Schreibort angeht als auch Regelmäßigkeit und Kontinuität. Auch dann schreiben, wenn es mal einen Tag nicht so leicht fließt oder es uns nicht so gut geht. Einfach um nicht jeden Tag die innere Diskussion neu führen zu müssen. Und wenn es nur eine halbe Stunde ist. Fünfmal die Woche eine halbe Stunde gibt zweieinhalb Stunden pro Woche. Etwas kann wachsen. Thomas Mann schrieb nur drei Stunden am Tag. Margrit de Moor schreibt, »wenn sie Glück hat«, eine Seite am Tag. Eine Reise von tausend Meilen beginnt mit dem ersten Schritt.

Und dann, wenn Sie all das für sich herausgefunden und gestaltet haben, lassen Sie es auch wieder los. Keine festen Strukturen, keine festen Bilder. Die große Dynamik des Lebens ist fortwährende Bewegung.

Ein zarter Wind ist aufgekommen. Meinte ich nicht, ich könne nicht im Freien schreiben? Und doch entstand ein ganzes Kapitel. Ganz leicht tanzen die federigen Arme der Dattelpalme vor mir. Die Musik der Schulklasse ist verstummt. Nur ein weißer Vogel mit Kranichschnabel hüpft im Sand umher und gluckst leise in die Stille.

Keine festen Bilder.

Leise Füßchen waren schon vor mir hier vorbeigekommen. Vielleicht in der Nacht. Ein Füchslein. Es ist vollkommen windstill. Nichts bewegt den Sand. Wüste hier ist nicht nur Sand, ockerfarbener, weißer Sand, Wüste hier sind Lehmschichten; aus den sanften Dünen sich in Sphingenform, Walfischmäulern, Delphinrücken erhebend, sind Berge, riesige Kalksteinberge, scharfe, verwitterte, filigrane Kanten, die sich verschmelzen mit den hochgewehten, weichen, ockerfarbenen Hügeln.

Es gibt keinen äußeren Ort des Glücklichseins. Und doch ist die Wüste ein Ort. Kein Ort. Nur Weite, die mit ihrem innewohnenden Frieden jene Schleier aus Selbstzweifel und Alltag wortlos, sanft in sich verwehen lässt. Windstill. Was bleibt, ist der innere Ort, heiter, weit, ortlos.

Auf dieser Seite der Welt feines Glück.

 kreativität

> *Ein geheimnisvoller Wind streicht vorbei*
> *und bewegt das Unsichtbare.*
>
> RUMI

Alle kreativen Möglichkeiten entstehen aus der Formlosigkeit. Dieser formlose Urgrund ist voll unendlicher Möglichkeiten, ist unsere tiefste Quelle der Kreativität. Je tiefer wir tauchen, desto weiter und vielfältiger sind unsere Möglichkeiten, desto mehr nähern wir uns einem Mitschöpfer-Sein an. Man darf sich das ruhig einmal ganz plastisch in der ganzen Grandiosität vorstellen (auch wenn unser verstandesmäßiges Vorstellungsvermögen da nicht hinreicht): Jede und jeder von uns ist in seinem tiefsten Inneren angeschlossen an jenen unnennbaren Ozean aller Möglichkeiten, an das, aus dem alles hervorgeht, jede Kreatur, das unendliche Universum, das Kunstwerk Mensch, jedes Gräslein. In jedem und jeder von uns ist auch das Universell-Schöpferische; es steht allerdings nicht in der uns vertrauten Machbarkeit zur Verfügung. Ein Annähern an den unendlichen Ozean verlangt nach anderen Wegen – Stille, Hingabe, Zu-rücktreten des Ichs, Achtsamkeit, grenzenloser Liebe.

Eigentlich liegt die Beschränkung »nur« in der Tiefe unseres Ein-getauchtseins in dieses große Bewusstsein, das wir gleichzeitig auch noch SIND.

> *Der notwendige Wandel unserer Identität besteht in dem Wechsel von dem Lebewesen auf der Erde, das als eine selbstbezogene Persönlichkeit versucht zu überleben, zu dem mit-schöpferischen Menschen, der sich vom GEIST dazu inspiriert fühlt, die göttliche Absicht auszudrücken und zu verkörpern.*
>
> BARBARA MARX HUBBARD[21]

Dieses Bewusstsein, der GEIST, ist die formlose Wurzel unserer Kreativität in der Form. Und neben der Versenkung in das Formlose öffnen wir die Durchlässigkeit der Form durch eine Öffnung und Ausdehnung unseres schöpferischen Tuns.

Es gibt im Schreiben verschiedene Phasen des Schöpferisch-Seins. Auch wenn das Schreiben ein Lauschen nach innen ist, braucht es Vor-bereitung. Auf der äußeren Ebene ganz praktisch: Ich brauche einen Schreibplatz und -material, und wenn ich über bestimmte Themen schreibe, das Beschäftigen mit diesem Thema. Lesen, Erforschen, Erkun-den, Materialsammeln.

Nach dieser Phase der Vorbereitung kommt vielfach eine Phase, für die es nicht so leicht ist, in unserer tatendurstigen Zeit Verständnis aufzubrin-gen – die Phase der Inkubation. Es ist ein Vorgang des Brütens, des Schwangerseins. Von außen sehen Schreibende in dieser Zeit wie Faulpelze hinter dem Ofen aus. Man tut scheinbar nichts, und doch wird gearbeitet. Es bildet sich innen, wächst gleichsam im Formlosen langsam in die Form.

Und wenn die Zeit reif ist, kann sich die Inspiration voll nach außen hin entfalten. Plötzliche Einfälle können uns überschütten. Es ist die Zeit, in der die erste Textfassung dann auch geschrieben wird. Dem folgt die Ausarbeitung. Schicht für Schicht wird der Text vertieft, das heißt weiter freigelegt.

Wie immer bei solchen Modellen haben sie natürlich Haken, sobald man sie genauer betrachtet. Selbstverständlich laufen nicht bei allen Menschen diese Phasen in dieser Reihenfolge zwingend so ab. Und sicherlich gibt es ständige Überschneidungen. Und doch ist mir ein Punkt dabei wichtig: die Erlaubnis für die einzelnen Phasen, vor allem für die Zeit der Inkubation. Schon mancher begann zu früh und kam später ins Stolpern …

Leidenschaftliche Kreativität, aus der Stille geboren, ist eine Bewegung des Erstaunens. Bleiben Sie in den einzelnen Phasen entspannt und überlassen Sie sich dieser weiten und größeren Intelligenz. Hindernisse – und auch manchmal Langeweile – sind wie Rufe, die etwas Neues ankündigen. Umkreisen Sie sie, bleiben Sie bei ihnen, küssen Sie sie; sie werden sich von alleine öffnen, wenn Sie sich nicht kritisieren. Lieben Sie grenzenlos.

Geben Sie sich die Freiheit, das zu schreiben, was auftaucht. Sie werden aus der Distanz, in der ersten Schicht der Überarbeitung, neu daraufschauen können; lassen Sie es erst einmal erscheinen. Heißen Sie alles, was kommt, willkommen. Antworten Sie auf den Moment, diesen einen wunderbaren, einzigartigen Augenblick. Und vergessen Sie wieder und wieder alles, was Sie über Richtig oder Falsch gelernt haben. Das sind ausdauernde Burschen, die viel Vergessensaufmerksamkeit brauchen. Das in ihnen gebundene kreative Kraft- und Inspirationsfeld weitet sich mit jedem Vergessen um das Vielfache.

Mit etwas Übung ist es auch möglich, den leisen, wie von selbst, wie ein Traum am Ende der Nacht aufsteigenden Gedanken von alten Kreiselgedanken zu unterscheiden, die mehr an Konditionierungen gebunden sind. Gedanken, die aus tiefster Innenwelt ungebunden durch die kurzen Momente der Durchlässigkeit aufsteigen. Sie haben einen Geschmack von großer Flüchtigkeit und Frische. Dann erzählt der innere Schreiber, die innere Schreiberin von der Wildnis und der unendlichen Weite unserer Seele, dem unbezähmbaren Lebensfluss im Blut, dem Glanz der Tiefe und des schwarzen Lichts der Nacht und der einzigen großen Stille, der Freude folgend, dem Wagemut.

Und natürlich enthüllt dieses Schreiben. Was soll's.

Schöpfung ist wohlwollend.

Es gibt bei Frauen und Männern, oder besser in der weiblichen und männlichen Energie, eine Art Gefährdung des kreativen Prozesses. Frauen verfügen über diese wunderbare Fähigkeit, in Beziehung zu sein. Die Kehrseite dieser Fähigkeit ist – und es ist hilfreich, das in der Wahrnehmung zu halten –, dass in der inneren Wahrnehmung oft erst die anderen kommen, Partner, Kinder, Verpflichtungen.

Denken Sie an Scheherezade – sie war unglaublich mutig, sie hat selbst entschieden, sich in eine Situation zu begeben, in der all die anderen Frauen (die dorthin nicht freiwillig – bewusst – gegangen sind) umgebracht wurden. Sie hat durch Erzählen ihr Leben und das vieler anderer *und* die Seele des Mannes gerettet.

> *Als aber der Nächte tausend und eine vorüber waren,*
> *da war der König ein anderer geworden. Und er überhörte nicht länger*
> *seines Gewissens Stimme und strebte hinfort nach Weisheit und Milde,*
> *wie die Männer der Märchen,*
> *von denen Scheherezade berichtet hatte. Denn er wollte ihnen gleichen.*[22]

Es braucht die volle Hingabe. Nicht nur so ein bisschen, wenn wir in die Dimension, in der Schreiben uns in unsere Wesenhaftigkeit führt, vordringen wollen.

Die Gefährdung des kreativen Prozesses beim Mann ist von anderer Natur – wobei sich das heute durch unsere Androgynität vielfach sehr verwischt und vermischt –, ist fast das Gegenteil: Es ist die wunderbare Fähigkeit, die Dinge durchzuziehen, sie kraftvoll in die Welt zu setzen, nach vorne zu gehen – eine großartige Kraft. Allerdings bleibt dann, wenn sie sich einseitig ausdrückt, wenig Raum für das Auftauchen-Können, das Vage, Langsame, Ungewisse. Und die Würdigung des Vagen öffnet überhaupt erst den Raum der Tiefe und des Nichtwissens. Denken Sie an das Heisenberg'sche Konzept der Unschärfe.

Wenn wir uns Schritt für Schritt der Führung der inneren Schreiberin, des inneren Schreibers überlassen, *ist* das der Schutz, den wir brauchen, um im Gleichgewicht der Kräfte zu tanzen, denn dem schöpferischen Akt wohnt etwas grundsätzlich Heilsames inne.

Beim Schreiben immer in Bewegung bleiben wird mit ein wenig Übung ganz leicht. Erst einmal natürlich in unserem Inneren. Den Geist offen, wach und weit haltend, immer wieder alte Vorstellungen überprüfend und sie ihrer Bedeutung ent-binden.

Und auch ganz praktisch: Wenn Ihnen zum Beispiel in einem Moment des Schreibens der ersten Fassung Ihres Textes, der Rohfassung der Rohfassung der Rohfassung, der Grundskizze, nicht gleich das genau treffende Wort einfällt, nicht gleich der innere Aspekt ganz genau ausgedrückt ist, machen Sie ein paar Kringel an diese Stelle, ein provisorisches Wort, einen halben Gedanken, aber schreiben Sie weiter, bleiben Sie in Bewegung, lassen Sie eine Lücke – etwas später oder bei der ersten Überarbeitung wird die Antwort von alleine kommen. Wichtig ist, dass Sie, wenn Sie tief eingetaucht sind, in diesem inneren Fluss bleiben und nicht an einer solchen Stelle stecken bleiben, überlegen, grübeln – der Fluss, das Eingetauchtsein, hat bei den ersten Fassungen Vorrang. Dieses In-Bewegung-Bleiben heißt keinesfalls hetzen, sondern im vagen, nach innen wachen Zustand bleiben: Es gibt Flüsse, die sehr langsam fließen, und solche, die schnell sprudelnd aus der Quelle hervorbrechen.

Jedem lebendigen Text wohnt ein tiefer Rhythmus inne. Und Rhythmus hat etwas damit zu tun, sich selbst voll und ganz zu vertrauen. Immer weiter das Herz, immer tiefer das Vertrauen in uns selbst.

Rhythmus ist außerordentlich wichtig. Wenn unser Körper den grundlegendsten Rhythmus des Lebens – den Herzschlag – nicht aufrechterhalten kann, überleben wir nicht. Es ist keine statische, anhaltende Aufgabe, diesen Rhythmus zu regulieren; Herz und Hirn geben sich ständig gegenseitig Zeichen.[23]
BRUCE PERRY, Hirnforscher

Stellen Sie sich vor, dass etwas in Ihnen diesen Text tanzt, in freier Natur, niemand urteilt über Ihre vollkommen freie Bewegung, zu niemandes Gefallen müssen Sie diesen Text schreiben. Das gilt auch für einen Text, den Sie in einem beruflichen Rahmen verfassen müssen – in dieser ersten Fassung können Sie ihn vollkommen aus sich heraus schreiben. Wenn es eine Notwendigkeit gibt, ihn später in eine dem Rahmen angemessene Form umzugestalten, dann kann das im Nachhinein geschehen; aber auch dann wird er immer noch einen Hauch dieses freien Atmens in sich tragen, und das werden die Lesenden spüren.

Entspannen Sie sich, ziehen Sie sich in sich selbst zurück und verweilen Sie am Rande Ihres Denkens, versenken Sie höflich die Zensordämonen im nächstgelegenen Gewässer. Und sorgen Sie für Ihren Körper. Jeder Spaziergang ist ein phantastischer, bewegender Schreibort.

schreiborte I

Gestern sang der See in der Sonne. Mittags nach einer frostigen Nacht. Das Eis, das sich in den wenigen Tagen gebildet hatte, als es doch noch Winter wurde, weitet und dehnt sich, als wäre schon Frühling. Niemand wagt mehr, es zu betreten. So besingt es ganz alleine seine schmelzende Schönheit. In dieser Weise nie gehört.

Es ist noch still im Wald an einem Wochentag. Die Moose an den Füßen der Fichten singen mit dem Eis so grün sie nur können. Auch wenn ich mir des Klimaschreckens im Hintergrund bewusst bin, durchzieht mich ein Beschwingtsein bis in die letzte Wimpernspitze beim Lauf durch diese Frühlingskraft mitten im Winter.

Ich saß an meinem blauen Tischchen, war verspannt, weil mir plötzlich alles viel zu langsam ging mit meiner Schreiberei und ich nicht wusste, wie das geht, all mein gesammeltes Material mit den Menschen zu teilen, ohne dumm-dreist belehrend zu werden. Was weiß ich denn? Und wie das geht, überhaupt etwas zu schreiben in dieser Welt, die doch gar nicht ist, nicht wirklich ist, so flüchtig.

Da nützte kein poetischer Sternenstaub mehr. Was ist da zu sagen? Ist irgendein Unterschied, ob ich schreibe oder mein Süppchen koche? Will ich vielleicht doch noch ein bisschen helfen, die Welt zu retten?

Also stand ich auf mit meinen vielen Fragen und meinem verspannten Rücken, lief in den Wald, Bewegung, Bewegung, lachte mit den Moosen und hörte den See singen.

zu übung 1

Wie ist es Ihnen bei dem kleinen Text ergangen, den zu schreiben ich Sie anfangs einlud? Sie haben Ihn ja geschrieben, bevor Sie – zumindest hier – erste Ansätze zu einem kreativen Schreiben gelesen haben. Sind Sie davon ausgegangen, dass Sie die Übung »richtig« machen müssten? Wie sind Sie an die Sache herangegangen?

Es gibt unendlich viele unterschiedliche Eingangsmöglichkeiten für die gestellte Aufgabe – es kann um die Beschreibung des Kaufs dieses Buches gehen, die Beschreibung, wie Sie es geschenkt bekommen haben, um die Beschreibung Ihrer stimmungsmäßigen Verfassung, um die Beschreibung des Weges, wie Sie auf das Buch aufmerksam geworden sind, zum Beispiel über eine Empfehlung, eine Anzeige oder etwas Ähnliches. Dann um die Form – vielleicht meinten Sie, Sie müssten wie in einem Aufsatz alles schön der Reihe nach erzählen? Oder hatten Sie nur einen flüchtigen Satz, fast wie ein Gedicht?

Es gibt kein Richtig oder Falsch, kein Bild, dem Sie entsprechen mussten, keine Idee, wie der Text zu sein hat. Wenn es um etwas ging, dann nur um eine Möglichkeit, einen Blick auf das *Wie* Ihres Schreibens zum jetzigen Zeitpunkt und der dabei stattfindenden inneren Prozesse zu werfen. Schauen Sie einfach nur, *wie* es geschehen ist. Es ist hilfreich, dies in der Wahrnehmung zu haben.

Wie oder was auch immer Sie geschrieben haben – es war recht, weil es das war, was Sie geschrieben haben.

Nachdem Sie einen kurzen Blick auf den »Ist-Zustand« Ihres Umgangs mit dem Schreiben geworfen haben, leicht geworfen, wahrnehmend, einfach um ihn kennenzulernen, auf den Ist-Zustand heute, hier, in dieser heutigen inneren-äußeren Verfassung – gestern wäre er anders gewesen, morgen wird er anders sein –, lade ich Sie ein, den Stift völlig neu anzusetzen.

Es geht bei den folgenden Übungen nicht so sehr um die Gestaltung neuer Texte, sondern erst einmal um ein gewisses Verwildern. Für die geübten Schreiber ist es eine Einladung, sich etwas stören zu lassen. Alle diese Übungen können später auch Einstiegshilfen in einen Text sein, einen neuen oder einen, den man schon begonnen hat und mit dem man gerade nicht so recht weiterkommt. Es sind Übungen, die den inneren Strom einladen, die Führung zu übernehmen. Wobei das nicht sein muss, dass wir dieses Reißende des inneren Flusses so direkt spüren, es ist eher ein leises Wissen darum, was da ist, was wohin muss, wie es weitergeht … Experimentieren Sie mit allen und allem. Später wird Ihnen *eine* Übung reichen, mit der Sie gut und leicht zurechtkommen. Und dann reicht Ihnen das Jetzt, und keine Übung ist mehr notwendig.

7
linien
Lassen Sie sich überraschen von den Freuden Ihres Bewusstseins. Nur zum Spaß setzen Sie den Stift aufs Papier und lassen Ihre Hand in Leichtigkeit und Anmut eine Linie in Kurven und Biegungen und Kreisen über das Papier ziehen. Nehmen Sie weite Räume ein dabei, dehnen Sie sich innerlich aus bis in die Unendlichkeit.

Fühlen Sie den Stift leicht in Ihrer Hand; die Bewegung Ihres Arms; wie das Muster sich auf der Seite wie von selber bildet.

Wenn Sie meinen, es sei genug, hören Sie auf. Betrachten Sie es. Und beginnen Sie nun zu kritzeln, zu füllen, zu punktieren, setzen Sie Wörter, Sätze hinein, kreisen, umkreisen, winkeln Sie – was immer Sie mögen. Leicht, heftig, langsam, eilig. Vielleicht ergeben sich auch Wörter aus den Linien selbst. Machen sie so lange weiter, bis Sie das Gefühl haben, es ist für diesen einen Moment fertig.

Betrachten Sie es lange und still.

Ist ein Wort dabei, das mehr Energie hat? Nehmen Sie es als Saatwort. Lassen Sie die Saat aufgehen – beginnen Sie zu schreiben.[24]

Hier sind drei Beispiele von Teilnehmerinnen aus Schreibwerkstätten. Alle drei hatten die Übung noch nie zuvor gemacht. Nehmen Sie diese Beispiele als Anregung, nicht zum Nachmachen, sondern als Erlaubnis für Ihre eigene Gestaltung. Ihre Linienübung wird ganz anders aussehen ...

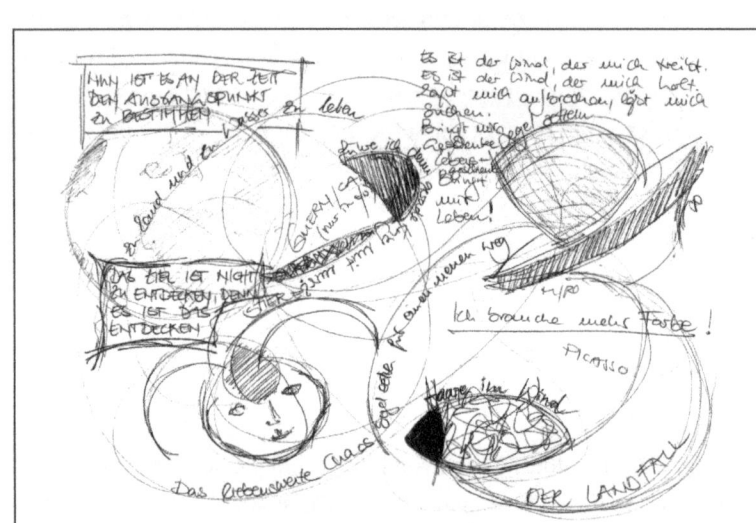

Muss ich meine Fragmente noch in Sätze pressen?

Denn die Zeichnung hält mich fest – sie gibt mir Halt und lässt mich neue Ufer erspüren.

Dass ich gerade Segel gesetzt habe und mich auf den Weg gemacht habe, ist nun nicht mehr zu übersehen. Ich habe meine Bilder gerade aus meinem Kopf fließen lassen.

Habe meine Gedanken gebildet – bebildert.

Die Wortfragmente wollen sich nicht fügen, sich nicht in Sätzen festhalten lassen. Sie wollen Fragmente bleiben und Gedanken anstoßen, wie die Ruderblätter den Kahn mit jedem Schlag vorantreiben und gleiten lassen.

Wohin fließen meine Gedanken, wenn sie ganz frei sind? Sie fließen in Freiheit. Wohl in Ablehnung zur Konvention, zur Enge, zu Paragraphen und Regeln.

Die Ordnung, wie sagte Anna, »das lineare Denken«, darauf bin ich trainiert.

Darauf bin ich stolz.

Wenn die große, freie Unverbindlichkeit um mich herrscht, bin ich stolz – auf meine strukturierte Ordnung. Kann nicht ablassen davon, wieso denn auch. Sie birgt ja auch Stärken – Stärke – innere Stärke.

Aber davon wollte ich doch gar nicht schreiben, denn meine Gedanken flossen. Sie flossen zum Meer, zu den Fischen, zur großen Freiheit. Und doch muss ich bekennen, dass mir die Struktur das Geschenk der temporären Freiheit gab.

Die Ratio, die Verdammte. Die ab und zu mir gönnt die Träumerei, mir schenkt den Genuss an der Emotionalität.

Das Element Wasser.

In einem Schiffsrumpf getragen und in den Schlaf gewiegt zu werden wie im Mutterleib. Welch ein Geschenk.

Das erwachsene Erleben des Mutterleibs. Selbst die Frucht zu sein.

Die große Weite ist meine Mutter, sie wiegt mich und beschützt mich. Ich sitze im Schoß der Welt.

Der blauen, luftigen Welt. Dem tiefen Meer. Blue water, unglaubliches Blau, unvergessliches Blau, mein Innerstes, meine blaue Seele.

Ich muss zurück, um meine Seele abzuholen, sie ist mir in diesem Flugzeug abhandengekommen. Zuerst dachte ich, hoffte ich, sie würde nachkommen, etwas zu spät kommen – wie typisch. Immer dieses Zu-spät-Kommen. Aber jetzt ist sie immer noch nicht da.

Nur die Struktur ist wieder eingezogen an ihre Stelle, aber die schmeiß' ich wieder raus, diese alte Bürokratin. Ich lass mir doch nicht die Wohnung meiner Seele besetzen.

Also los, wenn Du nicht kommst zu mir, werd' ich Dich wieder abholen.

Andrea Hartmann

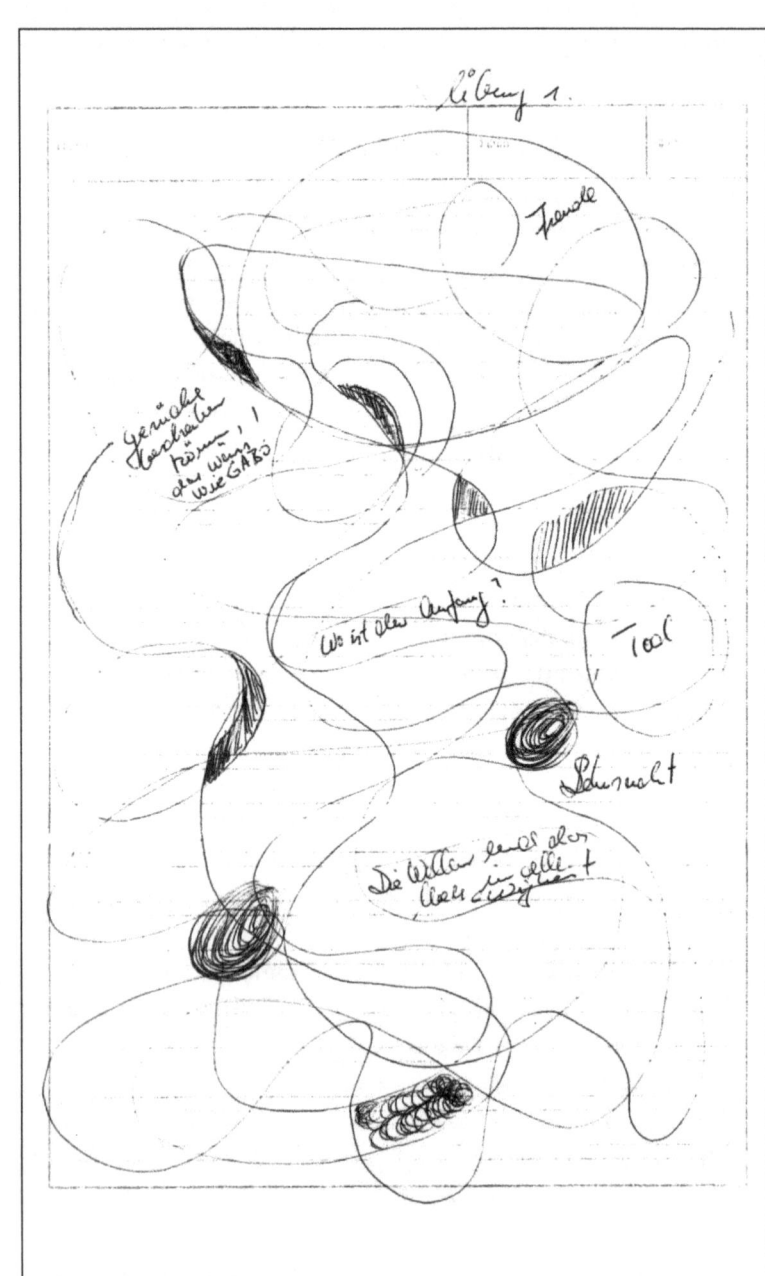

Gerüche beschreiben können wie Gabriel Garcia Marquez!
An meine Kindheit in Deutschland denkend, erinnere ich mich vor
allem an Sommergerüche. Von der Sonne beschienene reife Toma-
ten, die etwas herb, aber auch süßlich duften. Der eigenartige
Geruch der alten, nass gespritzten und von der Sonne erwärmten
Holzplanken im Schwimmbad. Ein wunderbarer Geruch ist auch
ein bestimmter und ganz besonderer Frühlingsgeruch, wenn die
Erde nach monatelangem Frost unter der langsam stärker schei-
nenden Sonne sich erwärmt und duftet.
Das alles sind ganz zarte Gerüche. In den Tropen ist alles intensiver.
Die feuchte Hitze lässt alles schnell wachsen, und genauso schnell
blüht und verwelkt und vermodert es, starke Gerüche nach Verfall
und feuchtem Moder. Überreife, von den Bäumen gefallene Man-
gos, die zwischen den welken Bambusblättern am Boden vermo-
dern. Verwesende Tiere, die das Meer angespült hat und deren
Gestank sich mit dem Geruch des Salzwassers vermischt. Der
schwere Duft der reifen Guaven und der etwas säuerliche der Pas-
sionsfrüchte hängen in der schwülen und feuchten Luft.

Christa Sponsel

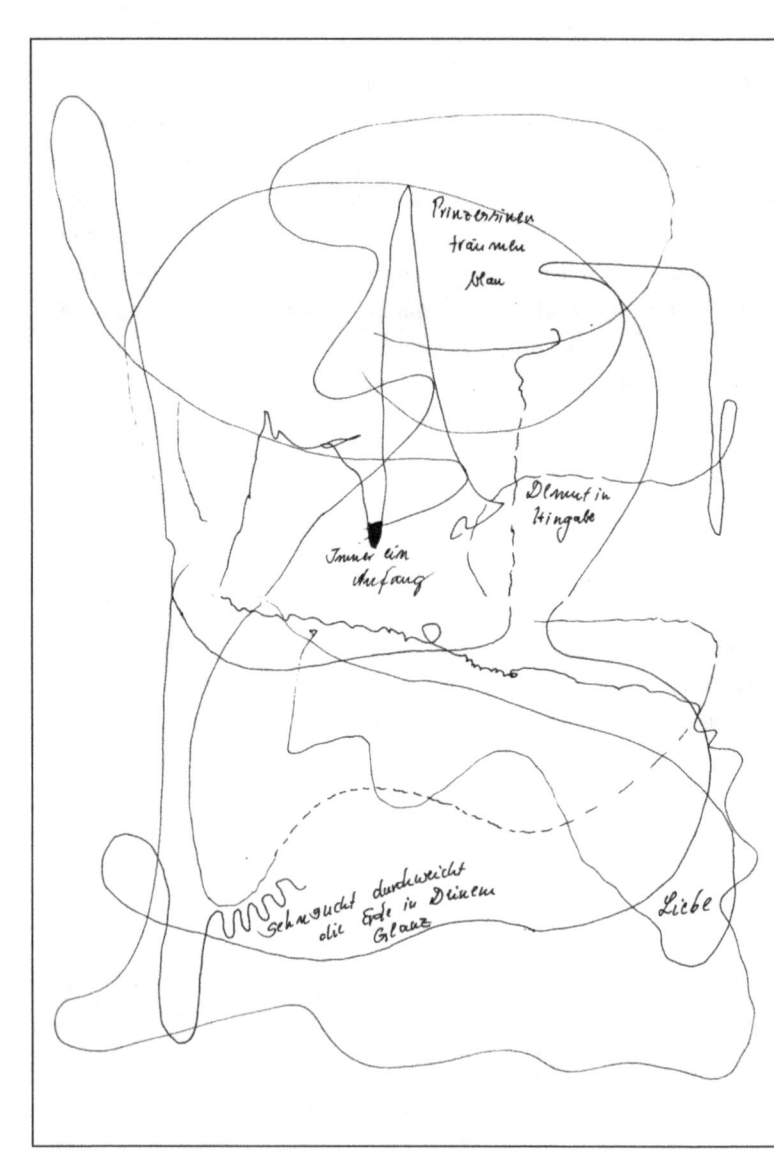

Prinzessinnen
träumen
blau

Demut in
Hingabe

Immer ein
Anfang

Sehnsucht durchweicht
die Erde in Deinem
Glanz

Liebe

56

Immer ein Anfang
Hier und Jetzt
Kreise malen sich zartwebend in die Luft
Paralleluniversen Hier und Jetzt
Zeitlosigkeit entfaltet Blubberblasen
gefüllt mit Erinnerungen – Woran?
Hier und Jetzt – verlorene, gefundene Träume
Loslassen, tiefes Entspannen in Dich hinein – mein Dank
ziellos Ziele empfangen
Dein Wille geschehe
im ewigen Anfang

Träume aus Deinem Netz gewoben
ein Regentropfen fällt – wohin
in die Ewigkeit
Gnade durchflutet lichtsummend das kleinste Tun
Wo ist der Putzlappen
das Telefon klingelt
liebevoll dankbar, alles immer wieder DU

Prinzesssinnen träumen blau
wenn sie mit schmutzigen Füßen,
trunken vom Gras die Luft küssen
Wolkenprinzen in Empfang nehmen und
in einem heiteren Hauch wieder ziehen lassen
Tup, Tup, Tup

Sabine Aebersold-Groß

Wenn Sie jetzt Ihrer eigenen Erfahrung mit der Linienübung nachgehen: Haben Sie gespürt, dass manche Wörter stärker als andere sind?

Es ist eine ganz grundlegende Erfahrung, wenn wir den Weg des Schreibens gehen. Diese nach vorne tretenden Wörter, Sätze, Bruchstücke sind die direkte Spiegelung des in uns bereits vollkommen angelegten Textes. Diese »stärkeren« Wörter sind wie das Winken der oberen Spitzen dieses Textes aus dem Kosmos. Sie weisen auf die dem Wort innewohnende, verborgene Dynamik. Mit dieser Wahrnehmung der Kraft der Worte wird das Schreiben grundsätzlich umgekehrt und erschließt uns so ein neues Schreiben. Nicht *ich* schreibe – *es* schreibt.

Für jeden Menschen haben unterschiedliche Wörter eine starke Kraftbesetzung – ein Spielraum für Missverständnisse. Auch an jedem Tag, in jeder Situation treten die Worte anders hervor. Und manche begleiten uns ein Leben lang.

Beginnen Sie, Ihre Wörter zu sammeln, wo immer sie Ihnen begegnen.

> *… erstens sind Wörter immer vorhanden, wenn wir reden, lesen, sie begegnen mir immerzu. Wenn man begriffen hat, dass es Wörter sind … nicht einfach Reden … nicht Lektüre …, sondern dass es sich wirklich um Wörter handelt. Wenn man das erkannt hat, dann wird man auf sie aufmerksam, und die Wörter kündigen sich dir selber an, gewisse Wörter sowieso. Wörter, die mir brauchbar erscheinen. Sie ragen aus den anderen Wörtern hinaus. Sie ragen einfach heraus, auch wenn ich nicht Ausschau nach ihnen halte. Was mache ich, wenn sich beim Lesen ein Wort aufdrängt? Ich markiere es mit einem Bleistift … Mir ist wichtig, einem Wort zu erlauben, es selbst zu sein. Es ist etwas. Es ist ein dynamisches Etwas, ich meine, es hat eine Energie und es ist suggestiv – es hat eine eingebaute Suggestivität.*
> ROBERT BARRY – Konzeptkünstler[25]

8

sammeln

Gehen Sie in Ihrer Wohnung umher, oder an Ihrem Arbeitsplatz, oder an dem See, an dem Sie gerne sitzen, oder dort, wo Sie gerade sind, betrachten Sie Ihre Kinder, Ihre Kollegen, die Menschen auf dem zentralen Platz Ihrer Stadt und sammeln Sie Wörter, die Ihnen dabei einfallen. Schreiben Sie sie ganz durcheinander auf ein Blatt. Sie können die Sammlung entweder im Laufe des Tages anlegen oder direkt vor dem Schreiben. Wie es für Sie leichter geht.

Zum Schreiben: Betrachten Sie sanft ein Wort nach dem anderen aus diesem Gebilde. Ist eines dabei, das sich von sich aus an Sie wendet? Schreiben Sie.

schreiborte II

Mimosen. Ich wusste nicht, wann Mimosen blühen. Jetzt. Im März. Zusammen mit Veilchen und Forsythien.

Das erste Mal heute Morgen ist der Blick von meinem Balkon ganz frei bis zu den hintersten Hügeln. Die letzten Tage war ich mehr damit beschäftigt, die Balkontüre irgendwie geschlossen zu halten, um Regen, Sturm und Schnee draußen zu lassen, was mir – vor allem auf den Regen bezogen – nicht ganz geglückt ist; aber heute, heute öffnete ich beide Flügel und sah ihn, den kleinen Mimosenbaum in einem der Gärtlein, die sich unter mir an die Stadtmauer lehnen.

Bei diesem strahlenden Wetter blieb mir nichts anderes übrig, als alles Schreiben in meinem Assisischen appartemento liegen zu lassen und mich meines etwas versessenen Körpers zu erfreuen. Ich hatte einen Fußweg zu einer franziskanischen Eremitage ausfindig gemacht, der gleich hinter dem mir nächstgelegenen Stadttor – scharf links – beginnen sollte.

Ich kam ganz schön ins Schwitzen, was meine Knöchelchen erfreute. Kein Mensch war unterwegs, ein paar Spatzen und Amseln und die Sanftheit eines stilles Bergwaldweges. An einem Picknickplatz entdeckte ich Rinnen und Löcher im frischen feuchten Erdreich. Erst dachte ich, ein Kind hätte mit einem Stock spielend in der Erde gewühlt. Als diese seltsamen Spuren aber immer wiederkamen, auch abseits des Feuerplatzes, rätselte ich neu. Bis mir einfiel, dass ich in einer Trüffelgegend war. Überall gibt es hier eingelegte Trüffel, Trüffelsoße, Pasta mit Trüffel, dem Diamanten des Waldes. Das müssen Trüffelsucherspuren sein.

Gibt es noch wilde Trüffelschweine? Der Fußweg zu diesem Eremitenkloster führte nicht direkt zum Parkplatz, sondern endete oberhalb des Klosters, das recht steil an den Felswänden klebte. Ich kletterte über eine kleine Mauer, traf von oben auf die Anlage und folgte einem Pfad, der nach unten führte. Gab es eine Annahme, so käme ich ins Kloster hinein? Ich weiß es nicht – ich ging einfach.

Kam an der Eiche vorbei, die Franziskus Schatten spendete und auf der die Vögel saßen, die seinen Worten lauschten. Ich setzte mich eine Weile zu ihnen. Still. Und lauschte beiden. Weich, ganz weich, mein lauschendes Herz. Hier streifte auch er durch den Wald und meditierte.

Immer weiter nach unten ging der Pfad am bewaldeten Berghang. »Kein Ausgang« stand da plötzlich. Suchte ich einen Ausgang? Eher einen Eingang.

Es war ein wunderschöner Pfad am Hang des Monte Subasio. Die Sonne brach sich in efeubewachsenen Stämmen des Buchen- und Steineichenwaldes, die feuchte Erde war weich und duftend und unsagbar freundlich. Auch wenn ich eine Idee von »Eingang« in mir hatte, war ich einfach auf dem Weg, da wo ich war. Es ging immer weiter nach unten, das Kloster immer weiter entfernt über mir am Hang des Berges.

Ich traf auf eine klitzekleine Kapelle aus ein paar Steinquadern, links, rechts, oben einer, fast wie ein Dolmen. Ein kleiner Altar und zwei Bänke aus Stein darin auf der blanken, laubigen Erde. Franziskus' Waldkapelle. Auf dem Altar lagen offen und gefaltet Zettelchen voller Bitten an ihn. Ich legte mein Veilchen dazu, das ich den Berg hinaufgetragen hatte. Veilchen waren die Lieblingsblumen meines ersten Lehrers. Jetzt, in diesen Tagen, bist du mein Lehrer-Bruder.

Langsam stieg der Pfad wieder an und endete abrupt vor einem Schild »Ende«. Er hörte einfach auf. Steil über mir die Klostermauern. Ich kehrte nicht um, stattdessen krabbelte ich auf allen vieren, mich von Ast zu Stamm hangelnd, weiter nach oben, auf sehr verbotenen Un-Wegen. Oben wäre es ein Leichtes gewesen, über die Mauer zu klettern, sie war nicht hoch, aber ich sah, dass ich dann im geschlossenen Gelände der Mönche ankommen würde – ein großes, vergittertes Tor gab mir eindeutige Signale.

Ich ging an der Mauer entlang, die jetzt den Weg zum Eingang begrenzte, allerdings mit Stacheldraht gesichert. Ich kicherte vor mich hin und wartete auf den rechten Moment, um mich nicht gerade vor einer Besucherschar in einem kühnen Schwung über Draht und Mauer zu werfen. Um dann locker, mit erdgeschwärzten Händen, auf offiziellem Weg ins Kloster zu marschieren.

Der Witz war – wie im richtigen Leben –, dass ich am Ende meiner neuen Runde feststellte, dass ich oben, bei »meinem« Eingang, dem Ende des Fußwegs, nur vielleicht zehn Meter hätte weitergehen müssen, und ich wäre leicht von oben ins Kloster gekommen. So ist es mit den Wegen.

Nur die kleine Kapelle Franziskus', auf dessen Altar still mein Veilchen liegt und mit ihm singt, hätte ich wahrscheinlich nicht gefunden. Und den Mann aus den Marken beim Heruntergehen nicht getroffen, der einzige Wanderer mit mir. Wir fanden eine Sprache aus blauen Augen, englischen Wörtern, deutschen Händen und italienischen Brocken in der Stille des Pfades im späten Nachmittagslicht. Und endlich konnte ich jemanden fragen, was es mit den Mimosenzweigen auf sich hatte, die heute Morgen so viele Leute unten in Assisi in der Hand hatten.

»Es ist der Tag der Frau, die Mimosen loben die Schönheit der Frau.« Mimosen.

9

das, was ist, beschreiben

Setzen Sie sich an Ihren Schreibplatz und beginnen Sie aufzuschreiben, was Sie gerade sehen, wie es vor Ihrem Fenster aussieht (wenn Sie rausschauen können), was sich alles auf Ihrem Schreibtisch ansammelt oder welch wunderbar aufgeräumte Leere Ihnen dort zur Verfügung steht. Wie Sie auf Ihrem Stuhl oder sonstiger Gelegenheit sitzen, wie das Licht ist, wie sich Ihr Körper anfühlt – und so weiter.

Schreiben Sie weiter und überlassen Sie sich dem Fluss des Schreibens.

Diese Eingangsübungen können es Ihnen erleichtern, einen Weg in Ihren Text zu finden. Ich sagte es schon, wenn Ihnen nur eine dieser kleinen Übungen zusagt, reicht das. Probieren Sie alle einmal oder mehrmals aus und entscheiden Sie dann, welche Ihnen gefällt.

Da Sie vielleicht jetzt schon den einen oder anderen Text schreiben, möchte ich Ihnen eine Art Bei-Übung zu allen anderen geben:

10
blatt daneben
Es kann sehr hilfreich sein, falls Sie sich mit widerständigen inneren Stimmen herumschlagen, wenn Sie sich ein zweites Blatt neben Ihr Hauptblatt legen, auf das Sie die Kommentare des Zensors oder der Kritikerin notieren. Diese Stimmen haben ja auch ihre Berechtigung, also geben wir ihnen ein Extrablatt, sind freundlich zu ihnen und setzen unseren Weg friedlich fort.

Vor jeder Übung lade ich Sie ein, *auch wenn ich es nicht jedes Mal dazuschreibe*, sich einfach erst einmal zu entspannen. Gut für Ihren Körper zu sorgen. Und sich zu versenken. Langsam, langsam.

Ein weiterer, sehr hilfreicher Eingang in das Schreiben ist das Cluster, das auf die Arbeit von Gabriele Rico[26] zurückgeht. Sie unterrichtet an US-amerikanischen Universitäten Creative Writing und hat eine wahre Fülle von sehr inspirierendem Material zusammengestellt.

Cluster bedeutet »Büschel«, »Trauben«. Rico geht davon aus, dass Gedanken, Einfälle, Gefühle in Bündeln von Assoziationen auftreten. Nehmen Sie sich doch mal ein wirklich großes Blatt für das Cluster – als Raum für Ihre Ausdehnung.

Das Cluster ist eine Möglichkeit, dass sich linke und rechte Hirnhälfte – das lineare und das bildhafte Denken – verbinden, dass die Gefühle miteinbezogen werden, dass durch die Bewegung der ganze Körper mitschwingt und wir von dort aus in einen anderen Zustand fallen, in einen

Wechsel der Energieebene, aus dem heraus wir schreiben. Diese Verbindung der beiden Hirnhälften über das Corpus callosum – nicht, wie man früher annahm, die rechte Hirnhälfte –, ist zum Beispiel bei der Verarbeitung von Metaphern entscheidend, die ein essentielles Instrument menschlicher Sprache sind. Also um GANZ zu erfassen, um auf eine tiefere Ebene des Erlebens und Schreibens zu gelangen, brauchen wir diese Verbindung. Sehr eindrucksvoll und bewegend ist dazu der Bericht der Hirnforscherin Jill Bolte Taylor[27], die selbst einen Hirnschlag erlitt und beschreibt, wie sie »nebenbei« als Forscherin die Vorgänge noch beobachtet. Vor allem aber, wie sie dadurch sieht, welche weiteren Wahrnehmungsmöglichkeiten wir als Menschen zur Verfügung haben.

Das Cluster selber kann sehr unterschiedlich verwendet werden. Wenn wir es als *Einstieg* in einen Text benutzen, schreiben wir vielleicht nur von diesem letzten Wort aus, bei dem der Wechsel der Energieebene stattgefunden hat, und verwenden das gesamte Cluster ansonsten nicht.

In einer anderen Situation kann das Cluster als *Materialsammlung* für ein ganzes Buch, ein Kapitel oder einen Arbeitstext mit einem vorgegebenen Thema dienen. Dann wird sehr viel mehr aus dem Cluster im Text erscheinen.

11
das cluster
In die obere Mitte des Cluster-Blattes kommt das Kernwort, später – nach einiger Übung – kann man natürlich auch Sätze, Bruchstücke, mehrere Wörter ins Zentrum setzen.[28]

Jedes Wort hat ein Sturmzentrum von Bedeutungen, Klängen, Assoziationen, Verbindungen mit Erfahrungen, das immer weiter ausstrahlt. Von dort aus werden in immer weiteren Kringeln die Assoziationen geschrieben und mit Strichen verbunden. Bei Pausen im inneren Fluss werden diese Striche nachgezogen, die Kringel mehrmals umkreist – auch hier gilt: in Bewegung bleiben. Ohne Druck. Leicht.

Bei einem neuen Strom wird wieder neu in der Mitte angesetzt. Die Ströme können sich verzweigen, verbinden, kurz oder sehr lang sein – alles offen.

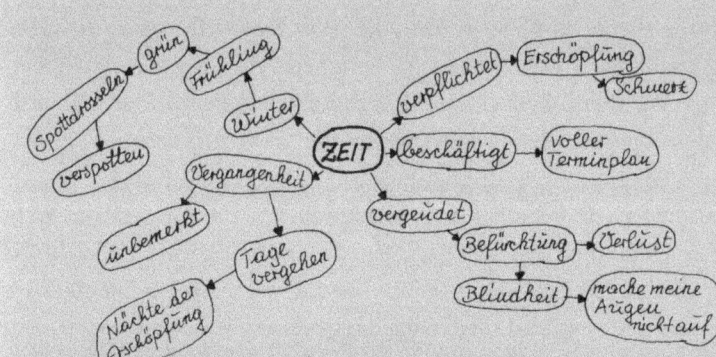

Versuchen Sie ein erstes Cluster mit einem Kernwort Ihrer Wahl oder zum Beispiel erst einmal mit: *Großmutter.*

Versuchen Sie, ohne zu werten, auf Ihr Cluster zu schauen. Zu schreiben, ohne sich zu bewerten. Keine Vorstellungen (»ich kann das nicht«). Unbedingt die Kringel und Kreise um die Wörter malen, die Verbindungslinien ziehen, den Strängen die innere Kraft geben und beim Ende der Assoziationskette neu ansetzen.

Nach einer Weile macht das Gefühl, ziellos umherzuschweifen, einer Art Orientierung Platz.

Dort beginnen Sie zu schreiben.

Hier ein Beispielcluster und der daraus entstandene Text einer Teilnehmerin einer Schreibwerkstatt. Es war ihr erstes Cluster.

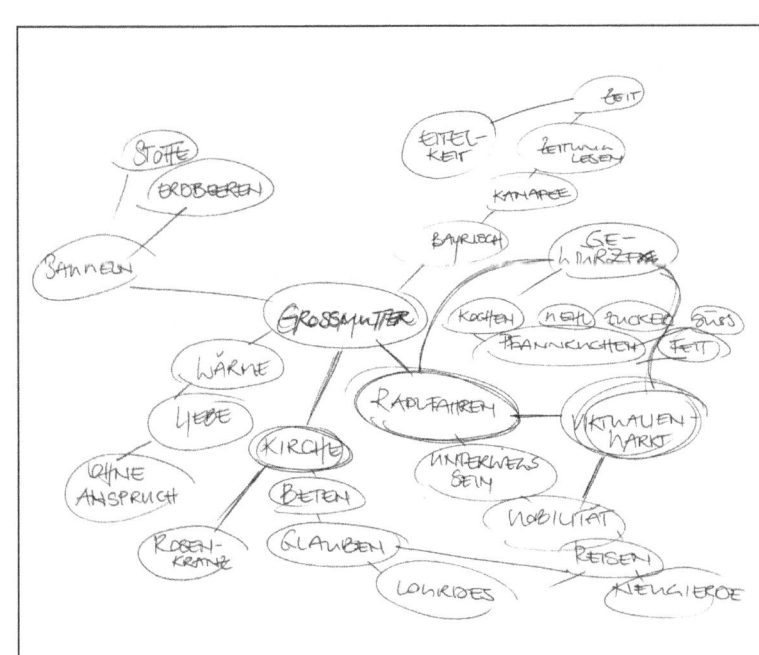

Großmutter

Du fehlst mir manchmal sehr. Ich hätte Dich so gerne in meiner Nähe. Obwohl ich gar nicht wüsste, ob ich Dir irgendetwas erzählen möchte.

Nein. Ich möchte Dich nur gerne in meiner Nähe spüren.

Weil Deine Nähe und Wärme so etwas Selbstverständliches hatte. Dieses Gefühl von Familie und Zugehörigkeit. Geborgenheit. Immer muss einer da sein, der die Familie zusammenhält. Das warst Du.

Als Du gegangen bist, ist vieles auseinandergebrochen. Es hat sich kein Ersatz gefunden.

Die Familie ist zu klein geworden, als dass sie noch Freiraum für die Andersartigkeit der Charaktere zugelassen hätte. Je kleiner der Kreis, umso weniger Akzeptanz für Spinner und Phantasten.

Ohne Kern keine Frucht;
Ohne Spinne kein Netz;
Ohne Stamm kein Zweig, kein Blatt.

Ende im Einzelkind-Syndrom. Eine Krankheit, die große Familien vernichtet.

Großfamilie ist kein verträgliches Zukunftsmodell mehr. Ende im Individualismus. Schade.

Du warst ein wunderbarer Stamm, mit Wurzeln.

Wolltest als Jüngste der Stamm sein. Die Kleinste. Die kleine Maria.

Es war gut, dass Du es probiert hast, auch wenn es Dir nicht geglückt ist.

Andrea Hartmann

Eine weitere grundsätzliche Übung ist das Automatische Schreiben. Viele literarische Zirkel, vor allem in den zwanziger Jahren, haben mit dem Automatischen Schreiben auf die unterschiedlichste Art gespielt. Es ist eine einfache Übung, um in Fluss zu kommen.

12
automatisches schreiben
Entspannen Sie sich. Entspannen Sie die Hand, mit der Sie schreiben, Ihre Schultern, Ihre Arme, atmen Sie, entspannen Sie Ihre Gedanken, wenn sie kommen, die Gedanken, lassen Sie sie mit dem Atmen gehen.

Beginnen Sie jetzt zu schreiben, was Ihnen einfällt, ohne Punkt und Komma. Wie Sie sitzen, was Sie fühlen, welche aberwitzigen Gedanken durch Ihren Kopf sausen, wie kalt Ihre Zehen sind – was auch immer. Es darf durcheinander sein. Schreiben Sie einfach, was ist, innen, außen. Ohne Punkt und Komma. Sie können sprunghaft alle Ebenen in sich, um sich herum wechseln. Innen, außen, Gedanken, Sinneswahrnehmungen, Gefühle, Empfindungen, Erinnerungen – wie auch immer. Ohne Punkt und Komma. Auch hier gilt: Lieber kleine Kringel und Schleifen malen, als angestrengt »nach-zu-denken«. Es bleibt leicht. Nicht hetzen.

Beenden Sie die Übung, wenn der Impuls dazu kommt. Schreiben Sie auf keinen Fall mehr als zwei Seiten. Es ist eine Vorübung. Von dort aus können Sie dann in Ihren »eigentlichen« Text übergehen.

Ein weiterer Einstiegsimpuls, den wir uns geben können, ist der Text eines anderen. Das kann man mehr oder weniger gründlich machen. Ich empfehle Ihnen, sich einmal eines Autors, einer Dichterin, eines Schriftstellers ganz – ich meine *ganz* – zu widmen. Lesen Sie alles über sie oder ihn, alles von ihm oder ihr. Ich war damals, als ich wieder mit dem Schreiben begann, Ende dreißig. Mein erster Mann und ich hatten uns getrennt, und kurz danach starb er. Es war eine schwierige Zeit für mich, und obwohl ich schon eine ganze Weile meditierte, holte ich mir für diese Seite des Lebens Hilfe bei einer wunderbaren Jung'schen Analytikerin. Gegen Ende dieser Therapie fertigte ich eines Tages für unsere Sitzung ein großes Blatt Papier an, auf dem ich mein ganzes Leben skizzierte, alle Lebensbereiche beleuchtete, um herauszufinden, wo für mich – auf mein ganzes Leben bezogen – noch etwas offen wäre.

Ich war überrascht, es gab nur einen Punkt: Mit elf Jahren wollte ich Schriftstellerin werden. Ich schrieb bis zum Beginn meines Studiums Unmengen von Gedichten, die keiner verstand, am wenigsten ich selbst, ich wollte nur das Elend der Welt ergründen und wissen, wer ich bin. Mit

Beginn des Studiums ging diese Seite meines Lebens dann in den politischen Aufregungen jener Jahre unter, blieb bis auf diverses Aufflackern in Liebesdingen verborgen – bis zu diesem Tag im Zimmer meiner Analytikerin. Okay, wenn es das Schreiben ist, was in diesem Leben fehlt, dann beginne ich jetzt. Ich nahm mir eine Lektorin zu Hilfe, die mir diverse Aufgaben stellte, und fand verhältnismäßig schnell meinen Fluss. Und mir begegnete in jener Zeit eine Schriftstellerin, der ich mich wirklich ganz widmete. Es war eine ganz kleine Bemerkung über sie, durch die ich auf sie aufmerksam wurde, ich hatte noch nie zuvor etwas von ihr gelesen.

Zum damaligen Zeitpunkt war ich tief in die orientalische Kultur eingetaucht und liebte die Geschichten von Scheherezade und vor allem ihren Mut. Ich lebte damals in Norddeutschland und hörte von der *Scheherezade des Nordens*. Es war wie ein kleines Aufflammen in mir, als ich diese Bezeichnung für Tania – oder eigentlich Karen – Blixen hörte. Dann las ich alles von ihr und fast alles über sie, versuchte zu verstehen, wie sie gearbeitet und gelebt hatte, besuchte ihr Haus in Kopenhagen, kroch förmlich in ihre blauen Wände und vor allem in ihre Schreibmaschine. Setzte mich an ihr Grab und versuchte sie zu erfassen. Bis das alles eines Tages plötzlich fertig war. Es genügte. Geblieben sind zwei Sätze – jener weltbekannte, der Beginn von *Jenseits von Afrika* – »Ich hatte eine Farm in Afrika« und ein anderer, den ich nicht mehr wörtlich weiß, aber in dem es um die geschenkten Phasen im Leben geht, in denen man Energie im Überfluss zur Verfügung hat und schreiben kann. Dieses tiefe Beschäftigen mit einem Schreibenden kann den Archetyp in uns anstoßen, so dass er in seine Kraft kommt, nach vorne tritt und gelebt werden kann.

Aber vielleicht brauchen Sie das alles nicht. Sie werden es wissen.

13

text als inspiration

Nehmen Sie sich einen kurzen Text, der eine gewisse freie oder freudige Kraft in Ihnen anstößt.

Entspannen Sie sich. Lesen Sie den Text einmal, zweimal, begeben Sie sich hinein. Seien Sie weich, offen, leicht versunken.

Sie können sich von seiner inhaltlichen Bedeutung, seinem Thema inspirieren lassen und von diesem Thema aus in Ihren eigenen Worten schreiben. Oder ein Wort springt Sie an und führt Sie in Ihren eigenen Text, der inhaltlich von etwas ganz anderem handeln kann. Von Ihrem Eigenen. Oder ein bestimmter Rhythmus bewegt etwas in Ihnen. Begeben Sie sich in diesen Rhythmus und lassen Sie sich von ihm weitertragen.

Es geht bei einer Textvorlage *nicht* um ein Nachschreiben, sondern um ein Einfühlen in die Kraft des Textes, um einen leisen Anstoß, der uns in einen neuen Raum führt, um uns von dort aus, vielleicht mit einem Wort, einer Stimmung, einem Bild, einer Zeile weiterträgt.

Wo ist ein Satz, ein Gedanke, eine Stelle, die etwas in Ihnen anstößt? Eine Erinnerung, eine Geschichte, ein Aufschrei, eine Sehnsucht – was auch immer.

Schreiben Sie von dieser Stelle aus – wohin auch immer.

Es ist eine sehr grundsätzliche Erfahrung im Schreiben, dass die Wörter uns entgegenkommen. Sie lässt uns im Detail erleben, dass nicht wir den Text schreiben, sondern der Text ein aus uns auftauchender ist und unsere Aufgabe nur ist, ihn herauszuschälen. Dazu gehört auch, sich immer wieder offen zu halten für das Unerwartete. Ich erlebe oft in den Schreibwerkstätten, dass manche Menschen meinen, es gebe irgendeine Erwartung, was zu schreiben sei, entweder von ihnen selbst, oder von mir, oder gemäß der Stufe ihres Schreibens – was weiß ich. Es geht aber immer wieder nur darum, aus all unseren Vorstellungen herauszutreten und offen zu sein für das, was ist. Versuchen Sie einmal, die nächste Übung wirklich in völliger Offenheit anzugehen. Ohne Erwartung, ohne Vorstellung, was zu geschehen hat. Staunen Sie doch einfach einmal.

14
wortkette
Stille. Entspannen Sie sich und schließen Sie die Augen.
Lassen Sie in sich ein Wort auftauchen.
Schreiben Sie das Wort auf.
Schließen Sie die Augen wieder und öffnen Sie sie nur kurz zum Aufschreiben von neun Wörtern, die Ihnen zu diesem ersten Wort einfallen.

Jetzt haben Sie einen Haufen von zehn Wörtern. Betrachten Sie ihn entspannt, lassen Sie jedes Wort in sich anklingen, wenn ein Bild, eine Szene aufsteigt, ein Impuls – beginnen Sie zu schreiben.

Und damit wir endlich einmal so richtig loslegen können, unseren Phantasien freien Lauf lassen können, schamlos uns ausbreiten – damit wir frei sind:

15
station größenwahn
Die eigenen Gedankenphantasien, was das Schreiben angeht, sind eine der größten Schreibblockaden. Die Messlatte ist so hoch gelegt, dass kreatives Arbeiten kaum möglich ist, weil man *mit dem Ergebnis* beschäftigt ist (Wird es gut? Gefällt es? Was sagen die Leute dazu? Entblöße ich mich damit? Wird das überhaupt jemand lesen? Kann man das so sagen? Und so weiter …) – und nicht *im gegenwärtigen Augenblick* auf seinen inneren Fluss, den inneren Impuls,

das innere Anliegen hört. So quält man sich, verkrampft sich, lähmt sich, treibt sich an, entwickelt Ängste vor Nichtgenügen – all das füllt den leeren Raum, aus dem heraus die Wörter und Bilder steigen. Von alleine.

Lassen Sie jetzt Ihren Phantasien einmal freien Lauf. Beginnen Sie mit:

Ich bin die größte Schriftstellerin, der größte Schriftsteller unserer Zeit …

Es ist ein Spiel. Ein Spiel der Entschärfung, der Befreiung. Packen Sie alles hinein, was Sie Ihr Leben lang über das Schreiben phantasiert haben, was Ihre Lehrer Ihnen über Ihre Fähigkeit zu schreiben erzählt haben. Oder was der arme Tor in Ihnen darüber denkt. Erforschen Sie Unbekanntes. Lassen Sie sich immer wieder von den Freuden Ihres Bewusstseins überraschen. Schreiben Sie in Hitze.

schreiborte II

Noch scheint die Erde nicht genug gedüngt vom Klang des Windes. Auch Schwester Wasser, nützlich, demütig und kostbar, scheint sie noch zu brauchen. Da schreibt sich's gut in meiner kühlen Stube, am langen, mittelalterlichen Küchentisch.

Manchmal folgt mein Blick den Hügeln vor meinem Fenster und noch einmal meiner Frage der Fehlbarkeit. Denn für mich macht das ganze Reden über das neue Bewusstsein keinen Sinn, wenn ich keine Antwort auf diese Frage finde oder aber die Frage friedlich in der Stille verschwindet. Wie konnten die japanischen Mönche im zweiten Weltkrieg, auch »nach« ihrer Erfahrung des Einen Bewusstseins, noch junge Männer segnen, die in den Krieg zogen? Und einige solcher Beispiele, auch weniger kriegerische, streifte ich schon. Gut, Ken Wilber hat erklärt, dass er den Impuls für die Entwicklung seiner Integralen Spiritualität aus der Widersprüchlichkeit seines Lehrers erhielt. Dieser sei wohl bewusstseinsmäßig genial gewesen, menschlich allerdings unter aller Sau. So kam Wilber auf die Idee, dass der Mensch alle Entwicklungsebenen in sich entfalten und integrieren müsse. Das befriedete kurz meinen Verstand; nicht wirklich mein Herz.

Franziskus war gegen die Kreuzzüge, er wollte nicht mit dem Schwert, sondern mit dem Evangelium zu den »Ungläubigen« ziehen. So reiste er nach Ägypten – beschwerlich war das Reisen damals – und traf sich mit den muslimischen Gelehrten. Und traf auch Sufis dort, vor allem eine Bruderschaft, die seiner so ähnlich war. Sechzig Jahre vor seiner Geburt (die morphogenetischen Felder gab es wohl schon vor ihrer Entdeckung …) von Najmudda Kubra gegründet, auch ein Wanderprediger, der mit Vögeln und anderen Tieren sprach. Franz kam ohne Schwert, mit offenen Händen, wollte die, die man hier Ungläubige nannte, bekehren. Aber es geschah das Gegenteil – er lernte von ihnen.

Mittags machte ich mich auf ins Zentrum, um einen Kaffee zu trinken, meine E-Mails zu lesen, mich zum sanften Erneuerer zu setzen. Von den Früchten der Erde wollte ich auch noch kosten.

Die Stadt füllt sich langsam, je näher Ostern kommt. Jeden Tag werden es mehr Menschen. Zu den italienischen Schulklassen haben sich die amerikanischen und polnischen gesellt. Aber mittags war es still bei meinem Lehrer-Bruder. Ich war wie weiche Wolle in seinen Armen, saß auf meinem Stühlchen in der Ecke und suchte Große Stille. Die Schreibfäden des Vormittags webten noch feine Netze durch mein Hirn, da und dort hing noch ein Fädchen quer, wie zum Beispiel das, welches mir natürlich hier in diesem katholischen Umfeld so offensichtlich in die Augen fiel: Welche Sprache finden wir, die offen, neutral, ohne kirchlichen oder religiösen Bildern verhaftet zu sein, die Geheimnisse der Welt eröffnet? Eine Sprache, in der sich diese jungen Menschen da draußen über alle Kulturen hinweg über das Eine verständigen können, ohne dass Krieg oder Enge entsteht? Nur diese unsagbare Weite, dieses tiefe Glück der einzig wirklichen Friedensformel?

Zwischendurch streiften meine abschweifenden Gedanken die Erinnerung an die eine oder andere Restauranttür mit ihren diversen Öffnungszeiten oder prächtigen Panoramaterrassen.

»Du hast geschrieben, ich sei dein Lehrer-Bruder, jetzt redest du mir ständig dazwischen – wie willst du mich da hören?« Fast meinte ich, es

hätten alle im Raum gehört, das feine Lachen in der klaren Ohrfeige. Wie
recht er hatte.
Ich nahm die Lehre dankend an.
Stille.
Mein Herz so weich wie Wolle.

Ich würde alle Kirchen Roms
für diesen Keller geben.
HIPPOLYTE TAINE[29]

Sie haben eine große Reise angetreten. Sie folgen den Pfaden eines kreativen Schreibens und Ihren inneren Ländereien. Die Freuden des Reisens sind die neuen Entdeckungen, Begegnungen, das Neuland, das wir zaghaft oder mutig betreten. Und es ist gut zu wissen, wo und wie wir sicher sind beim Reisen. Nur so finden wir den rechten Rhythmus.

16
sicherer ort
Beschreiben Sie den schönsten, sichersten Ort, den es für Sie gibt. Er kann innen sein, innen in Ihnen, außen – wo auch immer. Einen, an den Sie immer wieder zurückkehren können. Einen, der wirklich sicher ist.
Wenn Sie keinen »haben«, dann erschaffen Sie sich einen. Nehmen Sie sich Zeit und Geduld und beschreiben Sie ihn so, wie Sie, nur Sie, ihn brauchen. Niemand wird ihn je ohne Ihre Genehmigung betreten. Es ist der schönste, sicherste Ort für Sie.
Seien Sie dort und schreiben Sie.

überarbeiten

Der richtige Gebrauch des Wortes scheint mir eine der
größten Möglichkeiten des kommenden Menschen zu sein.
GITTA MALLASZ[30]

In den ersten Phasen des Schreibens spielen die Regeln von Orthographie, Grammatik, Form, Poetik und Dramatik noch keine Rolle. Diese greifen erst, wenn wir einen Text nach außen in die Öffentlichkeit geben. Dort sind sie wichtig.

Aber es gibt einige Hilfestellungen zum Überarbeiten von Texten, die der Entwicklung des Geschriebenen und uns selbst dienen. Es sind sozusagen Lauschhilfen, die dem Text in seinem spiralförmigen Sichherauswinden, -drehen, -entfalten aus unserem Inneren entgegenkommen, so dass er genauer und genauer werden kann. Und wir selbst damit freier und freier, weil mit der Überarbeitung des Textes eine Entpersönlichung einhergeht, das heißt, wir selbst sind zum Beispiel emotional nicht mehr so involviert.

Lassen Sie den Text auf jeden Fall einige Zeit liegen, bevor Sie ihn überarbeiten. Drei Tage, drei Wochen, drei Monate ... Und denken Sie nicht beim Überarbeiten selbst oder – bei längeren Texten – in Zeiten der Überarbeitung ständig angestrengt darüber nach, wie Sie etwas besser, anders, genauer machen könnten. Werfen Sie Licht auf die Fragestellung, leicht, offen. Lesen Sie Ihren Text in der Haltung der Empfängnis, und im rechten Moment kommt die Lösung. Das kann auch an einem ganz anderen Ort als Ihrem Schreibtisch geschehen. Haben Sie Papier und Stift parat, Sie sind die Sekretärin, der Sekretär Ihres eigenen Textes. Der Boss ist tief im Text. Bei mir selbst beantworten sich diese offenen Fragestellungen oft vor dem Einschlafen oder im ersten Aufwachen. Wo immer Sie schlafen – halten Sie Papier und Stift bereit.

Mit den Hinweisen zur Überarbeitung ziele ich auf einen lebendigen Text, einen, der den Grundlagen, die ich eingangs beschrieben habe, entspricht – *freundlich, fließend, furchtlos*. Unabhängig davon, in welchem Genre er geschrieben ist.

Überarbeiten ist Lauschen. Schicht für Schicht Erlauschen.

- **Rhythmus**
  Lesen sie Ihren Text laut. Mehrmals. Sie werden an unklaren Stellen
  stolpern. Das Stolpern hilft Ihnen, den dem Text gemäßen Rhythmus
  zu finden, indem Sie
  - die Stolperstelle *erweitern, klären, vereinfachen* oder
  - *streichen.* Wenn wir zu lange an einer Stelle herumbasteln, gilt die
    Regel: Streichen!

- **Ton**
  Was Sie beim lauten Lesen auch horen ist, ob der Ton stimmt. Ist es
  Schulton? Erklärungston? Opferton? Besserwisserton? Abwehrton?
  Sachlich, humorvoll, distanziert, wortreich-erzählerisch, ernst, nüch-
  tern, emotional – ein Ton, der dem Inhalt gemäß ist?

- **Wörter**
  Betrachten Sie einzelne Wörter. Meistens sind Sie beim lauten Lesen
  schon darüber gestolpert.
  - *Überflüssige Wörter*
    All diese Auchs, Dennochs, Trotzdems, Immerschons, die die Präzi-
    sion des Textes verwischen. Lesen Sie genau und schauen Sie, was es
    wirklich braucht, damit der Text *klar* ist. Mit dem Satz »Allein schon
    der Anblick des großen Meeres machte mich bereits ausgesprochen
    munter« übertreibe ich natürlich ein bisschen. »Schon der Anblick
    des Meeres machte mich munter« reicht auch …
  - *Textfremde Wörter*
    Jeder Text hat sein eigenes Flair. Wenn wir in einen eher romanti-
    schen Text mit zu technischer Sprache hineingehen, verliert er seine
    Atmosphäre. Im dritten Textbeispiel zur Linienübung taucht zum
    Beispiel das Wort «Blubberblasen« im Zusammenhang mit Zeitlo-
    sigkeit und einem ansonsten sehr poetischen Grundton auf. Blub-
    berblasen ist ein Wort, das eher in ein Umfeld von Kindersprache
    gehört und hier aus dem Kontext des Gedichtes herausfällt. Wir
    können natürlich mit solchen Brüchen künstlerisch arbeiten, aber
    erst, wenn wir das Handwerk wirklich beherrschen.

- *Besetzte Wörter*
  Manche Wörter sind durch einen bestimmten Kontext »besetzt«. Im deutschsprachigen Raum wird das am leichtesten durch Begriffe aus der Sprache des Nationalsozialismus deutlich. Ein heutiger Bischof kann nicht einfach so von entarteter Kunst sprechen, das geht nicht. Vor einigen Jahren zum Beispiel war mit »Big Brother« noch klar die Symbolik der alles überwachenden Instanz aus George Orwells utopischem Roman *1984* gemeint. Heute ist der Begriff von der Fernsehserie überlagert und kann nicht mehr so wie früher verwendet werden. Mittlerweile sind auch sehr viele Wörter durch die Werbung und eine gewisse Übersexualisierung unseres Umfeldes besetzt. Also: ein wacher Schreibender ist nah am Zeitgeschehen.
- *Unspezifische Wörter/Klischees*
  Versuchen Sie, die Dinge genau zu sagen, das braucht weniger Wörter. Wenn wir von Vögeln, die singen, und Blumen, die blühen, schreiben, fehlt dem Text jegliche Kraft, fehlt der Anschluss an unsere tiefste Quelle. Wenn Sie beschreiben, wie Sie auf das Haus Ihres neuen Liebsten zugehen und davor Blumen blühen … Wenn sie aber auf das Haus Ihres Liebsten zugehen und davor weiße Malven blühen, dann entsteht schon eine erste Atmosphäre. Vielleicht wird das eher eine etwas weniger feurige Beziehung. Vielleicht pflanzen wir doch besser blaue Schwertlilien – oder ist Ihnen dieser Liebste jetzt zu intellektuell?

- **Verständnis**
  Schauen Sie, dass Ihr Text verständlich ist. Oft sind wir selber nicht ganz klar, wenn der Text unverständlich ist. Das gilt auch für wissenschaftliche Texte. Verständlich meint nicht, dass es etwas zu *erklären* gibt, nein, Gott bewahre! Rechnen Sie ruhig mit der Intelligenz der anderen (vielleicht liest ja eines Tages jemand Ihren Text). Verständlich heißt, dass der Text alles enthält, was notwendig ist, und daraus eine einfache Klarheit erscheint.

- **Bogen**

  Lebendige Texte haben einen inneren Spannungsbogen, der die wache Dynamik des Lebens spiegelt. Mit »Spannung« ist dabei nicht die Krimispannung gemeint (die kann es natürlich auch sein), sondern eher eine Führung nah an der Sache. Ein Sich-Runden von Anfang und Ende. Natürlich können wir mit dem offenen Ende arbeiten, klar, aber erst, wenn wir das in sich geschlossene Ende frei zur Verfügung haben.

- **Überschrift**

  Mit einer Überschrift sind wunderbare Akzente zu setzen. Vielleicht wollen Sie in einem Gedicht etwas nicht direkt aussprechen, nirgendwo passt es hinein, aber es ist nicht verständlich, ohne diese Information – setzen Sie sie in die Überschrift. Oder Sie wollen in einem Text mit mehreren Ebenen eine in der Bedeutung hervorheben – setzen Sie sie in die Überschrift. Spielen Sie mit ihr. Sie kommt meistens erst am Schluss.

Mit diesen wenigen Kriterien können Sie Ihren Text schon recht gut in eine tiefere Genauigkeit führen. Gehen Sie auch damit leicht und spielerisch um.

das fahrzeug zwei – meditation und innerer dialog

Das ewige Wort wird nur in der Stille laut.
MEISTER ECKHART

Seit einigen Jahren kann man ja das Wort »Meditation« schamlos aussprechen. In jedem zweiten Wellnesshotel wird morgens meditiert oder gibt es einen Meditationsraum oder Meditationsmusik. Das ist eigentlich eine feine Sache.

Nur – diese Art von Meditationen sind meistens einfache Entspannungsübungen, haben mit Meditation als spiritueller Praxis nur die Benennung gemeinsam.

Das Schwert eines spirituellen Weges ist schärfer. Und wenn Sie das Schreiben als spirituelle Praxis nehmen, ist eine Übung der Versenkung, eine, die unseren Verstand zentriert und leert und den Willen schult, sehr hilfreich.

Wenn Sie eine eigene Praxis haben, nehmen Sie diese. Ansonsten kann ich nur diejenige weitergeben, die ich bei der Sufi-Lehrerin Irina Tweedie[31] gelernt habe.

»Meditieren, ohne zu meditieren«, sagte sie dazu. Die Dhyana-Meditation ist völlig konfessionsunabhängig, sie können Sie in jede andere religiöse oder spirituelle Praxis oder einfach ins tägliche, scheinbar profane Leben integrieren. Sie verlangt keine heiligen Handlungen, keine schwarzen Umhänge oder grünen Turbane, keine Räucherstäbchen oder Zimbeln. Sie ist ganz einfach, praktisch und schnörkellos. Mit ihr wird kein Ziel, kein Ergebnis, keine Leistung verfolgt.

Sie kommt ursprünglich aus dem indischen Raum, und es heißt, sie und der Zen-Weg hätten dieselbe Wurzel im alten chinesischen Chan. Ich selbst habe sie als Teil meiner Sufi-Praxis kennengelernt.

M
meditation
Bei dieser Meditation ist keine besondere Körperhaltung notwendig. Wichtig ist, dass der Körper entspannt ist und in der Zeit der Stille in Ruhe bleiben kann.

Versuchen Sie, sich drei Schritte vorzustellen:

Der erste Schritt: Finden Sie tief in sich selbst, tiefer und tiefer, Ihr verborgenes Inneres, das Innerste des Inneren. Unser allerinnerstes Wesen, der Kern unseres Seins, es ist der Ort des Friedens und der Stille, vor allem aber der Liebe. Es ist die Liebe, die wir in unserer tiefsten Wesensnatur sind und nach der wir uns sehnen, solange wir von ihr getrennt sind. Keine Liebe zu einem Menschen, zur Natur, zur Musik kommt wirklich dorthin – aber sie kann uns daran erinnern.

Der zweite Schritt: Tauchen Sie ein in das Gefühl der Liebe, versenken Sie sich darin mit Haut und Haar. Sie sind ganz in die Liebe eingetaucht, in tiefem Frieden, nichts von Ihnen bleibt draußen, kein Härchen und keine Eigenschaft. Das ganze Wesen ist in Liebe aufgenommen.

Der dritte Schritt: In dieser glücklichen Stille, dem Frieden, der Liebe werden jetzt vermutlich Gedanken auftauchen oder Gefühle, Bilder und Erinnerungen.

Nehmen Sie jeden dieser Gedanken, jede Emotion und versenken Sie sie in der Liebe, lassen Sie sie in die Liebe hineinsinken, sich in der Liebe auflösen.

Das Gefühl der Liebe ist stärker als unser Denken, es ist die größte Dynamik im gesamten Universum. Fähig, alles zu wandeln. So dass nur ein leerer Geist – in der Liebe schwingend – bleibt.

Suchen Sie die für Sie beste Zeit. Erfahrungsgemäß ist der frühe Morgen, gleich nach dem Aufstehen, wenn die Nacht noch nahe ist und die Tempi der Welt noch verlangsamt sind, ein guter Moment. Aber auch hier gilt: Experimentieren Sie. Ebenso mit der Dauer der Meditation. Vielleicht reicht Ihnen eine halbe Stunde täglich. Vielleicht fangen Sie auch mit weniger an, und im Lauf der Zeit sitzen Sie länger. Wichtig ist ein wirkliches Gesammeltsein, also eher kurz und gesammelt als lange und unruhig – wobei es natürlich anfangs sein kann, dass die innere Unruhe erst einmal so richtig spürbar wird. Vertrauen Sie sich.

Versuchen Sie, regelmäßig zu meditieren. Unabhängig von Ihren Stimmungen.

Zur Meditation ergänzend möchte ich Ihnen noch eine weitere, vertiefende Übung vorschlagen, zu der mich die Zukunftsforscherin Barbara Marx Hubbard[32] inspiriert hat. Es geht um einen inneren Dialog, in dem im Laufe der Zeit eine zärtlichste Freundschaft zwischen Ihnen und IHNEN entstehen kann. Vielleicht erst leise beginnend, fallen die alten Gottesbilder, wächst ein stilles Staunen über die innewohnende Weisheit, greift ein tiefer wurzelndes Vertrauen in sich selbst, verblasst die alte Orientierung nach den Meinungen, Ideen, Wichtigkeiten des Außen. Stellen Sie sich vor, Ihre ganze Orientierung, Ihr Hilfesuchen, das Sie bisher nach außen gerichtet haben, wenden Sie nun nach innen, auf das, was Sie tief in sich wirklich sind – Ihre eigene Göttlichkeit. Das ist ein großer Akt der Selbstermächtigung. Bis Sie vielleicht wahrnehmen, dass Sie das, wonach Sie sich so sehnen, schon sind. Immer waren. Es jetzt schon da ist. Seien sie grundsätzlich freundlich zu sich.

Vielleicht entsteht bei dieser Übung auch die Gewissheit, dass die alten Zeiten, in denen auf vielen spirituellen Wegen vom Töten des Ego gesprochen wurde, vorbei sind, dass die Verschmelzung vielmehr ein Akt der Liebe und Hingabe ist; vielleicht entsteht eine Wahrnehmung dafür, dass auch im Ego ein Bedürfnis danach ist, in innerem Frieden zu leben. Das Ego reagiert, wenn man es freundlich bittet. Ich glaube einfach nicht mehr, dass das Geschaffene in dieser alten Weise niedergemacht werden muss, um dem Schaffenden zu begegnen. Da würde dem Lebendigen etwas in sich Feindliches innewohnen. Diese Vorstellung hat uns dahin geführt, wo wir stehen im Moment. Also – hier eine Einladung in eine neue Zeit, in das tiefe Wohlwollen des Lebens.

D
innerer dialog

Begleiten Sie Ihre Meditation schreibend (vielleicht in Tagebuchform) mit einem Dialog Ihres Alltagsbewusstseins mit Ihrem Innersten des Innersten oder Höheren Selbst, der Unendlichen Weite, dem Namenlosen oder dem göttlichen Funken in Ihnen, Ihrer wahren Wesensnatur – wie auch immer Sie ES nennen. Tragen Sie Ihre Fragen nach innen; stellen Sie Ihre Fragen immer präziser, immer wahrhaftiger. Die großen des Lebens und die kleinen des Alltags. In diesem inneren Dialog müssen Sie niemandem mehr etwas vormachen, nichts leisten, vor niemandem bestehen. Kein Schleier zwischen Ihnen und Ihrer Herzensfrage.

Werden Sie still und lauschen Sie, welche Antworten kommen. Auch wenn Sie anfangs vielleicht nicht so sicher sind, aus welcher Ebene die Antwort kommt – das macht nichts. Wie können wir es lernen, wenn wir es nicht üben? Wie können wir unserem inneren Lehrer, unserer inneren Lehrerin vertrauen, wenn wir nicht an ihn, an sie übergeben? Wir machen Erfahrungen – das ist alles. Auf jeden Fall gestaltet sich eine Liebesbeziehung. Diese Liebe ist sehr klar und wahrhaftig, immer wohlwollend – keinesfalls ist sie abwertend, nörgelnd, überheblich oder destruktiv. Stoppen Sie, wenn das geschieht, das ist nicht Ihr Innerstes! Lassen Sie das Projekt für eine Weile ruhen. Setzen Sie neu an, in Liebe.

Haben Sie den Mut, die Liebe, die Sie sind, wirklich zu erleben. Sie werden überrascht sein, schriftlich, schwarz auf weiß, zu erfahren, welch göttliches Wesen Sie sind, wie weise, und dass Sie wirklich, wirklich alle Antworten, alles Wissen in sich selbst tragen.

Ich sagte es eingangs schon: Diese beiden Übungen, Meditation und innerer Dialog, empfehle ich Ihnen begleitend zu allen anderen Übungen zu praktizieren. Sie bilden den Boden, aus dem heraus Ihre Kreativität wächst und sich Ihr Herz transformiert. Haben Sie Heimweh?

schreiborte III

Der Sommer ist groß; schnell und plötzlich hat er den Frühling vertrieben. Und zwischen beiden tat ich unsichere Schritte, legte den Stift beiseite – zwei Monate lang – und wunderte mich – mit einem leisen Flattern in meinem Inneren – wie der Körper nach einem Schock sich selber führt. Mit dem schnellen, plötzlichen Einbruch einer Krankheit zeigte er mir den Geschmack seiner letztlich kurzen Gastfreundschaft. Und wie ich sie ehren kann. Jetzt tue ich mein Bestes.

Fast alle haben sie interpretiert. Psychosomatisch, statistisch, somatisch, esoterisch – einen großen Topf von Deutungen konnte ich sammeln. Natürlich lerne ich gerne. Und ich staunte, was wir Menschen so alles wissen.

Ich wollte nicht deuten. Was weiß ich denn? Und ich liebe diesen Zustand des Nichtwissens; er hält mich so gnadenvoll frei.

Ich wollte mit meiner Schwäche nur nah, ganz am Leben lehnen, es mit dem Innersten berühren, so dicht ich konnte. Und es berührte mich. Wer berührt wen?

Es ist heiß. Das ist die Größe des Sommers, so zeigt er sich in seiner ganzen Pracht. Und ich. Ich freue mich. An der Hitze und dem warmen Wind der Nacht.

Und dass ich lebe.

Und schreibe.

lösung aus der geschichte

unsere geschichte

Komm Südwind, der du die Liebe erweckst –
wehe durch meinen Garten,
dass sich die Wohlgerüche verbreiten.
Hohes Lied 4, 12

Nach all diesen Vorübungen, dem Sammeln des Handwerkszeugs, dem Einschwingen in eine innere Haltung der Offenheit kann jetzt die Reise beginnen. Wenn sie nicht längst schon begonnen hat ….

Da ich noch keine andere Möglichkeit der Gestaltung gefunden habe, folgen die Themen der nachfolgenden Kapitel linear aufeinander. Aber natürlich tun sie das nicht im inneren Prozess, der ist nicht einfach eine Leiter, die man hinaufklettert. Alles wandelt sich gleichzeitig; Wellen der Entfaltung kommen und gehen in der rhythmischen Bewegung des Lebens. Es kann also geschehen, dass Sie schon lange über das Kapitel »Kindheit« hinaus sind, und plötzlich fällt Ihnen eine Erfahrung Ihrer Kindheit ein, die Jahrzehnte verborgen war. Manche Themen unseres Lebens – auch wenn wir uns aus unserem Gebundensein an sie gelöst haben – streifen wir neu auf jeder Entwicklungsebene, wir sehen neu, erleben neu, leiden auch manchmal neu. Gehen Sie nicht darüber hinweg, seien Sie nicht ungeduldig mit sich selbst (»Bin ich da jetzt immer noch nicht durch?«) – die Zeit ist im Zeitlosen – wo könnten wir da je sein?

Der Himmel ist überall gleich nah.

Das Allerwichtigste und eigentlich einzig Wichtige in diesem ganzen linearen und nichtlinearen Geschlängel ist, dass Sie Ihren Fokus halten. Die Ausrichtung auf das Innerste, auf das Berührtsein unserer tiefsten Wesensnatur, immer wieder neu. Spüren Sie Ihre Sehnsucht, Ihr Heimweh. Das ist es, worum es geht. So entfaltet sich der Prozess von alleine. Wir ändern uns nicht durch Bemühungen und gute Vorsätze. Es wandelt sich zu sich selbst hin. Im Boden der Sehnsucht liegt die Antwort.

Die Ausrichtung auf die innerste Freude selbst, unseren unverletzten und unverletzbaren Wesenskern, die geheimnisvolle Substanz im Herzen der Herzen …

Ausrichtung.

Brennend.

Es gibt nur das.

_____ mein leben – die kindheit

Schreiben heißt sich selber lesen.
MAX FRISCH[33]

Kindheit ist ein geistiger Zustand, ein Zustand eines offenen, nicht wertenden Staunens. Deshalb brauchen wir die Kindheit im Leben und im Schreiben frei. Sonst wird sie uns immer wieder einholen, und zwar nicht ganz so, wie es uns gefällt.

Ich kenne einige erwachsene Menschen in verantwortungsvollen, kreativen Positionen, die sich ihrer eigenen Geschichte völlig unbewusst sind. Sie wissen selbst nicht, wie viel sie tun, um tiefen Schmerz in sich verschlossen zu halten, um doch noch Anerkennung vom Papa zu bekommen, wie sie rennen, um ja keinen Blick nach hinten werfen zu müssen. Letztlich ist unsere kollektive Unreife natürlich ein kulturelles Pulverfass. Und es gibt auch das Gegenteil – Menschen, die seit Jahrzehnten um ihre eigene Geschichte kreisen und den Kopf gar nicht mehr da rausbekommen, um sich vielleicht mal um etwas globalere Fragen zu kümmern.

Auf der spirituellen Suche kann es dem einen oder der anderen geschehen, dass er oder sie die Versenkung »benutzt«, um über die Schmerzen der verlorenen Kindheit hinwegzukommen. Auch das gelingt meistens nur mäßig.

Um unseren Beitrag in diese Welt geben zu können, zum Beispiel schreibend, ist es wirklich hilfreich, sich selbst zumindest in den zentralen Themen »gelesen« zu haben.

Ich weiß nicht, wie viel Sie an Vorerfahrungen im Umgang mit Ihrer Geschichte mitbringen. Falls Sie noch gar keine Erfahrung damit haben, werden Sie etwas mehr Übungen brauchen, als ich sie hier anbiete. Denn der Abschnitt »Kindheit« ist hier so angelegt, dass wir beginnen können, unsere Geschichte von einem neuen Ort aus zu sehen, uns wirklich mit ihr zu versöhnen, um sie dann Stück für Stück hinter uns zu lassen. Das ist wie eine Art Entgegenkommen aus der Vergangenheit, um ein Leben in Gegenwärtigkeit zu führen. In Präsenz zu leben heißt nicht, dass wir keine Vergangenheit mehr *haben*, sondern dass sie frei schwingt.

So geht es hier beim Aufschreiben der eigenen Geschichte nicht nur um das Sammeln weiterer autobiographischen Materials, was viel Freude macht und Kraft spendet, sondern es liegt eine leise Ausrichtung auf der *Loslösung* von unserer Geschichte; es geht um unsere Freiheit. Wirkliche Freiheit ist die Abwesenheit von allem, von Geschichte, von Vorstellungen und Konzepten, von Konditionierungen, von Sicherheit, von Bindungen.

Falls Sie sich also noch gar nicht mit Ihrer Geschichte beschäftigt haben, schlage ich Ihnen vor, sich für dieses Kapitel viel Raum zu nehmen. Es werden Ihnen durch die Anstöße, die ich gebe, sicherlich Erinnerungen kommen. Schreiben Sie diese Geschichten auf. Und wenn Ihnen eine der hier vorgeschlagenen Übungen schwerfällt, warten Sie, bis Sie einen inneren Impuls dazu haben. Mit »schwerfallen« meine ich nicht, dass es weh tut, sondern dass Sie keinen – noch keinen – Zugang dazu finden. Es sind Schritte in diese Übungen eingebaut, die innerhalb eines Wachstumsprozesses ihren Platz haben – wenn wir sie zu früh angehen, ist es verpulverte Energie. Kommen Sie einfach zu einem späteren Zeitpunkt wieder darauf zurück. Ich versichere Ihnen, das Leben führt uns in solch einer glitzernden Perfektion, der wir nur staunend folgen können. Vielleicht kommt ein Traum, oder eine Begegnung in Ihrem Alltag, oder ein dummer Zufall in Ihrem gegenwärtigen Leben – und plötzlich WISSEN Sie.

Auch Erinnerung wandelt sich ständig, ist ein lebendiger Prozess. Geschichte ist auch nichts Festes, sie ist eine Momentaufnahme, zutiefst dynamisch. Vergessen Sie das Lachen nicht.

Hilfreich ist es, wenn Sie sich präzise mit sich und den Übungen auseinandersetzen. Genau lesen, noch mal lesen und sich selbst sehr wach zuhören. Es heißt ja in einem kreativen Schreiben, der innere Schreibfluss hat Vorrang. Ja. *Und* es kann geschehen, dass es gerade mal kein innerer Fluss ist, sondern ein Bächlein an der Oberfläche, in einem kanalartig gemauerten Bett aus den fünfziger Jahren, als man noch andere Vorstellungen hatte. Das macht nichts. Setzen Sie neu an. Schüren Sie den ForscherInnen-Geist in sich.

Legen Sie sich nicht auf eine Form fest. Auch wenn ich in einer Übung zum Beispiel *erzähle* schreibe, heißt das nicht, dass es um die *Form* der Erzählung geht. Es kann sein. Oder auch nicht. Es kann sein, dass es eher ein Essay wird oder ein Gedicht oder eine Collage aus all diesen Formen, ein Bericht – wie auch immer. Wichtig ist nur die Herzqualität, dass Sie versuchen, aus Ihrem Innersten zu schreiben. Sich entspannen, vertiefen, in einen Zustand des Empfangens eintauchen, damit ES schreiben kann. An dem Punkt, an dem Sie gerade stehen in Ihrem Leben. Sich entspannen, so gut es heute geht, sich vertiefen, so gut es heute geht, von Herzen schreiben, so gut es heute geht. Vergessen Sie, wie Sie meinen, dass Sie sein sollten, wo Sie sein sollten in Ihrer Entwicklung, vergessen Sie es. Sie sind heute genau so, wie Sie sein »sollten« – SONST WÄREN SIE NICHT SO. Es ist ein Geheimnis – es gibt nichts zu entwickeln, wir sind so, wie wir sind, vollkommen. Und doch ist Entwicklung. Es ist eine unendliche Freude, dieses ewig Vollkommene auf diesem zarten blauen Planeten durchschimmern zu sehen, durchschimmern in feinster Liebe des Seins – zu allem. Ausnahmslos. Auch zu mir in meinem heutigen Zustand von »Entwicklung«. Und es schimmert durch, so viel ES durchschimmern will. Heute so viel.

schreiborte I

Während ich hier sitze, an meinem Schreibtisch, kommt eine kleine, kleine Spinne direkt vor meinem Auge langsam an ihrem Faden von der Decke. Alles darf sein. Ich grüße dich, du Wesen hinter den Balken, dich selbst am dünnen Faden haltend, vom selben Leben durchdrungen. Ganz still, wie draußen die schnellen Flocken des flüchtigen Schnees, der nach den winterlichen Frühlingstagen wieder und wieder zurückzukommen versucht.

Jetzt sitzt sie da auf meinem Blatt, eingekringelt wie eine dunkle Wollfluse. Direkt auf der Kapitelüberschrift »mein Leben« ruht sie. Ich werde sie nicht vertreiben.

Oft wissen wir nicht, wie eine Geschichte sich entwickelt. Geben Sie alles frei, um in großer Offenheit zu schreiben. An dieser offenen Lebensenergie entlang führt Ihr Stift Sie, von dort aus entwickelt ES sich. Immer wieder. Anfängergeist.

Um sich mit der Kindheit zu versöhnen, sich von ihr zu lösen, ist es nicht nötig, dass Sie die ganze Geschichte – noch einmal? – bis ins Detail aufschreiben. Das macht oft wenig Sinn, weil es eine Neigung gibt, sich im Detail zu verlieren. Und es fällt uns immer und immer wieder Neues ein, so wird das leicht eine unendliche Geschichte.

Hilfreich für unsere Ausrichtung hier ist es, sich einmal der grundlegenden Atmosphäre der Kindheit, dann dessen, was uns getragen hat, und der zentralen, als traumatisch erlebten Situationen zu erinnern. Es ist nicht nötig, etwas Spezielles zu *tun*. Wenn Sie die Geschichten aufschreiben, so tief wie möglich aus Ihrem Innersten heraus, dann ist das der Heilungsprozess. Nach ein paar Tagen können Sie den Text leicht überarbeiten, können ihn jemandem vorlesen, Ihrem Partner, Ihrer Partnerin, einem Freund, einer Freundin, dem Bild an der Wand oder dem Baum vorm Fenster. Durch das Lesen kommen wir in eine weitere Ebene der Distanzierung. Wenn Sie weinen müssen beim Schreiben und beim Lesen, weinen Sie. Weinen Sie. Trotzdem schreiben. Trotzdem lesen. Das gerade ist ja die Kraft des Wortes.

Lesen Sie den Text dann wiederholt. Für sich. Für den Freund. Über Tage, über Wochen. Bis Sie eines Tages, ganz unmerklich, nicht mehr weinen müssen und den Text kraftvoll, neu und aufrecht lesen können.

In unserer nachfreudianischen Zeit schwebt in vielen von uns ein unendliches Hängen an dem, was in der Kindheit geschehen ist. Wir sind erwachsen und werfen noch diesem und jenem, vor allem den Eltern, ihre Untaten vor. Das ist kein Weg der Befreiung. Mit jeder Art von Vorwurf fallen wir aus unserer Autonomie, unserem würdevollen Menschsein. Um ganz hier, jetzt, heute zu leben, all unsere Kräfte auf allen Ebenen zur Verfügung zu haben, um uns aus der *Identifizierung* mit diesem Ich zu lösen, ist es eine große Hilfe, wenn wir unsere Kindheit annehmen, wie sie war. Sie würdigen, ja, das unbedingt. Sie nicht »überspringen« im Sinne einer Leugnung oder Verdrängung. Das kleine Kind von damals sehen, *wirklich* sehen. Unbedingt. Die Eltern als Menschen wahrnehmen, als die für uns besten Menschen, sogar mit ihren Fehlern, ja, unbedingt. Das kann manchmal wirklich Zeit brauchen. Aber nicht mehr unser jetziges Leben danach ausrichten, was vor zwanzig, dreißig, vierzig Jahren war. Wäre so schade drum. Dieses einzigartige, kostbare, majestätische Leben.

_____ atmosphäre der kindheit

Denken Sie bei der nachstehenden Übungsfolge zur Atmosphäre der Kindheit nicht lange nach. Vertrauen Sie dem ersten Gedanken. Man kann sich ja mit seinem Verstand ganz schön quälen – »oh Gott, jetzt darf ich nicht alles aus meiner Kindheit schreiben, ist denn das, was mir jetzt einfällt auch *das Richtige*, wenn es jetzt das nicht ist, wie weiß ich das denn?« und so weiter.

Und: Schreiben Sie, so viel Sie brauchen, mehrere Tage oder Wochen oder Monate. Finden Sie den Ihnen gemäßen Rhythmus. Sie können mit der einen oder anderen Übung immer wieder neu ansetzen, bis der Strom versiegt und Sie wissen – jetzt ist es genug.

Für alle folgenden Übungen, auch in den anschließenden Kapiteln, gilt: Wenn Sie nicht gleich einen Einstieg finden, verwenden Sie eine der Übungen aus Teil eins. Nehmen Sie eine, die Ihnen leichtfällt, bei der Sie das Empfinden haben, dass sie gut geeignet ist, Sie in Ihre ureigenste Sprache zu führen, eine, die Sie wirklich *sind*, die tief aus Ihnen strömt und frei ist von den Vorstellungen und Ansprüchen der Welt.

Folgen Sie dem ersten Gedanken. Er hat diese Impulsqualität, ist angeschlossen an dieses Innere, das Sie führt. Vielleicht betrachten Sie in
Ihrem alten, konditionierten Bewertungssystem diesen ersten Einfall als
unwesentlich. Was wissen wir. Wohin wird er Sie führen? Vertrauen Sie.

schreiborte I

*Es war der letzte Gang der Spinne. Ich sah noch nie eine Spinne sterben. So
also – sich aus der Höhe des Gebälks langsam am eigenen Faden auf die Erde
gleiten lassen und direkt auf »das Leben« fallen. Was für ein wunderbares,
erhebendes Bild. Ich interpretiere nicht, denn was wissen wir? Wie komme
ich dazu, die Welt zu interpretieren? Es geschieht. Ich staune nur.*

17
elternhaus

Beschreiben Sie Ihr Elternhaus. Sie werden sehen, wie viele Kleinig-
keiten Ihnen einfallen, wenn Sie erst einmal beginnen. Erinnern Sie
sich an den Einfall des Lichts, die Temperatur, die Größe der Räume,
die Gestaltung, die Geräusche, die Gerüche. Erinnern Sie sich an Ihr
Zimmer, wenn Sie eines hatten. Wenn Sie einmal oder mehrmals
umgezogen sind, nehmen Sie sich Zeit für die unterschiedlichen Wohnungen. Wenn Sie nicht leicht ins Schreiben kommen, experimentieren Sie mit einer der Übungen aus Teil eins – zum Beispiel mit
dem Automatischen Schreiben –, um in Fluss zu kommen. Oder bilden Sie ein Cluster mit »Elternhaus« als Kernwort.

18
sonntag

Erzählen Sie von einem Sonntag in Ihrer Familie (wenn Sie einen
anderen religiösen oder kulturellen Hintergrund haben, – von
einem Freitag oder Samstag oder einem anderen Feiertag).

Versuchen Sie, aus der Sicht des Kindes zu erzählen, direkt und unmittelbar.

Wenn Sie beim Schreiben merken, dass Sie in eine Art Schulton verfallen, gehen Sie zurück zu Teil eins und wiederholen Sie einige der Übungen dort. Sie werden Ihnen diesmal ganz anders erscheinen. Entspannen Sie sich vorher, vertiefen Sie sich, meditieren Sie eine halbe Stunde, suchen Sie zutiefst Ihre innerste Quelle zu berühren, und lassen sie Sie durch diesen Sonntag führen.

19
namen
Schreiben Sie die Geschichte Ihres Namens.

20
heimat
Was ist Heimat für Sie?
Ein Gedicht?

21
detail
Erzählen Sie von einem klitzekleinen Detail aus dem Schatz Ihrer Erinnerungen: wie sich Ihr Vater ein Brötchen schmierte, Ihre Mutter die Zwiebeln schnitt, sich Ihr Großvater die Pfeife stopfte, Ihre Großmutter sich bewegte, als sie schon alt war ... was auch immer.

Beschreiben Sie es fein und genau. Kinder nehmen diese Bilder sehr als Ganzes wahr, in großer Intensität, mit allen Sinnen. Man erinnert sich an ein Tapetenmuster so präzise, dass man es heute noch nachzeichnen könnte. Versuchen Sie sich in diese ganz-erfassende Wahrnehmung des Kindes hineinzuversetzen.

Erzwingen Sie nichts. Spüren Sie das Innere Ihrer Schreibhand, das Innere Ihres Körpers. Folgen Sie dem Stift, lassen Sie ihn schreiben, was er schreiben möchte.

_____ freuden und helfer der kindheit

Auch im schrecklichsten Elternhaus, unter den schlimmsten Bedingungen, in langweiligen, harmoniesüchtigen Umgebungen, in einem gesunden, lebendigen Umfeld – wo auch immer Sie als Kind gelebt haben – gab es Freuden, Helfer, speziellen Trost.

Suchen Sie den Anschluss zu finden an diese innere Freude des Kindes, das Sie einmal waren. Wenn keine der beiden folgenden Übungen für Sie dazu geeignet ist – finden Sie Ihre eigene.

Es ist wie das Spinnen eines feinen Fadens, um dieses Gefühl der Freude aus unserer Kindheit wieder leise in uns glimmen zu lassen. Es geht nicht darum, dass wir kindisch werden oder rumspaßen, es geht um einfache, leichte, natürliche Freude. In der Kindheit spontan erlebt, sich erinnernd, zur Erde gehörig.

22

hieroglyphen

Versetzen Sie sich in Ihre Kindheit, in die Zeit der Geheimsprachen und -schriften. In die Zeit, als ferne Länder und fremde Sprachen noch jene große Magie hatten. Entspannen Sie sich, betrachten Sie die Hieroglyphen, schauen Sie sie genau an, in Entspannung – und freuen Sie sich, welche Assoziationen auftauchen. Spielen Sie wie ein Kind. »Entziffern« Sie sie auf Ihre ureigenste Art.

Manchmal lassen wir diesen wichtigen Teil der Kindheit durch Aspekte der Leistung, durch überbordendes Unglück oder unantastbare Rosafärbung untergehen. Aber wenn wir genau schauen, ist diese frühe Erfahrung von Freude oder Helfern tiefe Kraftquelle auch unseres heutigen Lebens.

Als ich noch als Psychotherapeutin arbeitete und Menschen zuhörte, die eine wirklich schwere Kindheit hatten, ein Zuhause mit Misshandlungen und immensen Deprivationen, nie gesehen wurden – wenn wir genau suchten, gab es immer jemanden, eine Nachbarin, einen Freund, einen Lehrer, eine Tante, der oder die das Leid sah und das Bestmögliche tat, um es zu lindern. Essen gab, freundliche Worte, Anerkennung, Ruhe, Schutz.

Oder es gab kleine Fluchten – die Natur, Tiere, Lesen, Träumen, Bewegung, etwas, das zutiefst beglückend war, nach Leben schmeckend –, die das tiefe Gefühl von Freude auch im Dunklen erfahren ließen.

23

freuden

Sammeln Sie einmal alles, was Ihnen in Ihrer Kindheit Freude machte. Freudiges Tun, Sein, Geschehen.

Schreiben Sie von den Freuden und heimlichen Helfern Ihrer Kindheit.

Und vergessen Sie sie nie.

Genießen Sie diese Erinnerungen, lassen Sie Ihr ernstes Leben von dieser Kraft unterwandern, bauen Sie sie ein in Ihre dunklen Nischen, so dass Sie daraus schöpfen können, wenn Sie daran vorbeikommen. Haben Sie nur *eine* Geschichte geschrieben? Reicht Ihnen das?

_____ dramen der kindheit

Und es gab weniger Erfreuliches. Auch Kinder, die in behüteten Elternhäusern aufgewachsen sind, in denen sie anerkannt und auch in ihrer Wesenhaftigkeit gesehen wurden, haben die eine oder andere traumatische Erfahrung. Einen Sturz, einen Krankenhausaufenthalt, einen Verlust. Für manche ist es auch eine Entthronung durch ein Geschwister, oder ein Unglücksfall – was auch immer. Und es gibt auch Menschen, die als Eltern ihre eigenen Kinder verletzen und die wenig zum Wohlwollen und zur Wahrnehmung eines anderen fähig sind. Sie tun ihr Bestes – und doch geschieht es. Auch sie waren die besten Eltern für uns – sonst wären sie es nicht gewesen, alle Eltern machen Fehler (auch wir, wenn wir wieder Eltern sind), und jetzt, als Erwachsene, gewinnen wir Kraft daraus, genau diese Erfahrungen in uns aufzulösen.

Der Unfall meines Vaters war – neben vielem anderen – die traumatischste Situation meiner Kindheit. Als ich drei Jahre alt war, erblindete mein Vater, ein Chemiker, bei einer Explosion in seinem Labor. Die Jahre danach waren voller Sorgen für meine Eltern, Reisen zu Ärzten und

Operationen in die Schweiz, die Angst vor der Zukunft, Geldnot, enttäuschte Hoffnungen – nicht nur das Licht in den Augen meines Vaters verdunkelte sich, unsere ganze Familie war durch das Geschehen schwer überschattet.

Das kleine Mädchen liebte seinen Vater sehr, und sobald es lesen konnte, begann es vorzulesen, Geschichten, chemische Fachliteratur (die Formeln wurden mit dem Finger in die Handfläche des Vater gezeichnet), Zeitschriften. Und es war das einzige Bestreben des Kindes aus seiner tiefen Liebe heraus, so zu lesen, dass der Vater durch den Klang der Stimme wieder sehen konnte.

Das Leben war sicher schwer für das kleine Mädchen. Heute sind mir nur die Geschenke dieser Erfahrung geblieben: zum Beispiel eine hohe Wahrnehmungsfähigkeit (Kinder eines Blinden sind immer auf der Hut, ob man nicht doch ein Spielzeug auf dem Boden hat liegen lassen, eine Tür versehentlich halb offen steht, das Glas genau dort steht, wo er selbst danach greifen kann; ihn führen im öffentlichen Raum heißt für die Länge, Breite, Höhe von zweien zu schauen, die Unberechenbarkeit überforderter Eltern …) und eine Stimme, die manchmal, wenn sie bei einer Lesung in Schwingung kommt, einen gewissen Zauber verbreiten kann, einen Geschmack von Liebe, die heute nicht mehr an einen Menschen gebunden ist.

Wenn Sie sich nun einigen der dramatischen Ereignisse Ihrer Kindheit zuwenden, bleiben Sie dabei entspannt, so gut es geht. Atmen Sie weiter, auch wenn Ihnen der Atem stockt, atmen Sie weiter, auch wenn Sie weinen müssen, atmen Sie weiter, auch wenn Sie vor Angst erstarren oder sich vor Wut die Finger in den Stift krallen. Erinnern Sie sich an den sicheren Ort, über den Sie in der gleichnamigen Übung geschrieben haben. Gehen Sie dorthin, wenn Sie es nicht mehr aushalten, ruhen Sie sich aus, entspannen Sie sich – und machen Sie weiter. Die Füße fest verankert. Erinnern Sie sich an die Freuden und Helfer Ihrer Kindheit – sie sind immer noch da, niemand kann Sie Ihnen nehmen.

24

drei dramen, eins

Diese Übung kann mehrere Tage oder Wochen oder Monate dauern. Nicht länger als drei Monate – sonst könnte es sein, dass Sie steckengeblieben sind. Wenn das passiert, gehen Sie einfach in den Übungen weiter und kommen Sie am Ende des nächsten Kapitels wieder zurück, lesen Sie noch einmal Ihren Text über den sicheren Ort (oder braucht der eventuell eine Neufassung?) und beginnen Sie mit dem Ereignis, das für Sie am aushaltbarsten ist.

Entspannen Sie sich. Tauchen Sie ein in Ihr Inneres. Und lauschen Sie, welche drei dramatischen Ereignisse Ihrer Kindheit auftauchen. Lassen Sie sich Zeit. Lauschen Sie.

Beginnen Sie mit dem, das heute am stärksten für Sie ist.

Eilen Sie nicht. Aber halten Sie den inneren Fokus, dann tauchen die Bilder, die Sie brauchen, von alleine auf.

Lassen Sie offen, welche Form entstehen mag. Ein Gedicht? Eine Geschichte? In der ersten Person oder in der dritten? Wechseln Sie vielleicht einmal. Aus welcher Sicht schreiben Sie?

Beobachten Sie einfach, wie es geschieht.

Wenn Sie den vorherigen Text geschrieben haben, wiederholen Sie die nächste Übung mehrmals während der kommenden Tage. Wo immer Sie gerade sind. Papier und Stift haben Sie doch jetzt schon immer dabei, oder?

25
jetzt

Beschreiben Sie diesen jetzigen, einzigartigen Augenblick. Seien Sie vollkommen präsent – so »gut« Sie gerade jetzt vollkommen präsent sein können. Spüren Sie das Innere Ihres Körpers, öffnen Sie Ihre Sinne für Ihre Wahrnehmung, bleiben Sie mit Ihren Gedanken hier, an diesem Ort, der gerade vollkommen ist, sonst wäre er nicht so, wie er ist.

Vergangenheit und Zukunft sind gut aufgehoben in den Fachern der Zeit.

Beschreiben Sie nur diesen Augenblick, der Ihnen schneller als Sie schreiben können unter den Fingern zerrinnt.

Jetzt.

Strahlend. Vollkommen.

Sie können von nun an beginnen – wenn Sie es nicht schon tun –, Texte, die Sie vor ein paar Tagen geschrieben haben, zu überarbeiten. Auch wenn ich den Punkt nicht mehr weiter erwähne, gilt er durchgängig. Aber, bitte, lassen Sie den Teig ruhen. Überarbeiten Sie nicht sofort nach dem Schreiben.

Einige Anhaltspunkte für die Überarbeitung habe ich im ersten Teil zusammengestellt, Sie erinnern sich. Finden Sie ruhig noch weitere für Sie hilfreiche. Beginnen Sie, die Überarbeitung mit in Ihre Schreibpraxis einzubeziehen. Schreiben Sie Ihre Texte ab, drucken Sie sie aus, lesen Sie sie, lauschen Sie, wie der Text sich entwickeln möchte. Geben Sie die Änderungen ein und schauen Sie ihn nach ein paar Tagen noch einmal an. Die Überarbeitung gehört zum inneren Loslösungsprozess dazu, denn nur so entsteht Stück für Stück eine Entpersönlichung des Textes. Erst dann, wenn der Text sich in dieser Weise befreit hat, sind auch Sie frei.

Sammeln Sie die überarbeiteten Texte, legen Sie sich eine schöne Mappe an mit dem Geschriebenen Ihres Weges. Zwischen die Texte aus den Übungen passt vielleicht ein Satz, Gedicht oder Aphorismus, der aus Ihrem geschriebenen Dialog entstanden ist. Nach ein paar Monaten, wenn Sie alle Stationen durchschritten haben, werden Sie überrascht sein, was Sie alles zusammengetragen haben. Wenn Sie sich dann dem Ganzen noch einmal professionell widmen, noch einmal überarbeiten, Texte aus einigen Übungen herausnehmen, vielleicht da und dort noch einen Akzent setzen, dann haben Sie eine Biographie, die vielleicht nicht alle Facetten Ihres Lebens enthält, aber eine Dimension berührt, die nicht nur Sie, sondern auch andere bereichert.

26
drei dramen, zwei und drei

Nach einer für Sie stimmigen Zeit nehmen Sie sich den Raum und die Ruhe, um Schritt für Schritt von den anderen beiden dramatischen Ereignissen Ihrer Kindheit zu erzählen.
Und wiederholen Sie die Übung »jetzt«.

Schmerz des unendlichen Falls.
HOMER
nachdem Hephaistos von seiner Mutter verstoßen wurde

Für ein kleines Kind ist oft ein Geschehen zu groß, zu überwältigend, um auf der Gefühlsebene durchlebt zu werden. So zieht es sich, um die Situation zu bewältigen, in andere Ebenen zurück.

Ich erinnere mich an meinen Sohn, als er sechs Jahre alt war, ein Alter, in dem ein Kind aus dem kindlichen Bewusstsein langsam erwacht und in die Welt hinausgeht. Genau zu diesem Zeitpunkt starb sein Vater. Mein Sohn weinte kein einziges Mal, er tat symbolische Handlungen, er entwickelte Ängste, aber er weinte nicht. Das Gefühl tiefer Trauer ist für ein Kind dieses Alters zu heftig. So zog er sich in eine Art Wolke zurück – ich konnte das von außen deutlich wahrnehmen –, aus der er sich erst jetzt, Mitte zwanzig, Stück für Stück herausarbeitet.

Oft ist es eine große Befreiung, als Erwachsener einmal diesen Schritt zu vollziehen, der damals nicht möglich war – das Geschehen bewusst zu durchleben –, damit die Psyche im heutigen Leben ankommen kann.

Spätere Schmerzen tun zwar oft nicht weniger weh, aber sie haben nicht diesen Geschmack des Ausgeliefertseins und der Überbordung des magischen Denkens der Kindheit.

Auf dem Weg gibt es kein Verweilen im Unglück. Also Mut zum nächsten Schritt. Der ist sehr zentral und für viele nicht immer leicht zu vollziehen. Es macht auch meistens nicht einfach zack, und das war's dann – erlauben Sie sich, den einen Schritt in mehrere kleine zu zerlegen, wenn es für Sie notwendig ist. Es ist der Schritt aus der Position des Opfers.

Viele Menschen erleben sich als Opfer anderer, der Umstände, des Schicksals, des Lebens. Ein freier Mensch ist niemandes Opfer und übernimmt in jeder Situation für sich selbst die volle Verantwortung. Ein freier Mensch ist im Einklang mit dem Leben, alles was geschieht, wird erfahren, wie es ist. Dort, im reinen, unbewerteten Geschehen gibt es keine Opfer und Täter. Nur Geschehen.

Das ist eine äußerst kritische Stelle. Denn wenn wir zu früh in diesen Raum »stilles Geschehen« eintauchen, fehlt eine Würdigung des Leidens des kleinen Jungen, des kleinen Mädchens. Er oder sie muss in tiefer Liebe gesehen und gehört und angenommen werden. Es kann eine grausame, selbstdestruktive Verwirrung entstehen, wenn sich *auf der dualen Ebene* »Täter« und »Opfer« vermischen, wenn man sich *zu früh* auf eine tiefe *Ebene des Einsseins* zurückzieht. Es geht um ein Bewusstsein beider Ebenen, um ein feines, vibrierendes Schwingen, das wie der Atem alles durchdringt.

Selbstmitleid ist keine befreiende Würdigung, sondern hält uns in der Position des abhängigen Kindes und hat meistens einen überaus lästigen Begleiter – massive Schuldgefühle, die unser heutiges Leben bremsen und mit Ängsten überlagern.

27
schuld und opfer
Lesen Sie noch einmal die letzten drei Geschichten aus Ihrer Kindheit. Finden Sie dort Opfer? Tun Sie sich selbst leid in Ihrer Geschichte? Fühlen Sie sich schuldig?

An welchen Stellen spüren Sie das? Welche Formulierungen drücken das aus?

Werfen Sie einfach Licht auf diese Atmosphäre. Urteilen Sie nicht. Nehmen Sie nur wahr, was ist.

Mehr nicht.

Lassen Sie diesem Blick etwas Zeit zu wirken. Sie müssen jetzt nichts *tun*. Gehen Sie ein bisschen spazieren. Es ist mit unserer inneren Dynamik so wie mit der Akupunktur: Man gibt einen Impuls an einer Stelle, die auf ein Ungleichgewicht hinweist. Nur den Impuls – das Gleichgewicht, die Neuordnung der Kräfte, stellt sich von selbst her. Vertrauen Sie diesem Geschehen. Sie geben sich den Impuls, ich sprach vom »Licht darauf werfen«, und das reicht im wachen Dasein.

Karussell
Ein Mädchen sitzt auf einem Karussellpferd, seine Augen strahlen. Es wiegt sich im Takt der Musik.

Ein Mädchen thront ganz oben auf dem Heuwagen. Sie saugt den Geruch des Heus ein, den Dampf der schweißnassen Pferde. Sie lauscht dem Klappern der Hufe auf dem Steinboden, dem Surren der Heugabeln, dem sanften Plopp des Heus, wenn es auf den Boden sinkt. Es sind die Gerüche und Klänge des Sommers, der Ferien und Freiheit.

Ein junges Mädchen besucht seine erste Tanzstunde. Sie trägt ein blaues Kleid mit Tupfen. Ein junger Mann macht sie unruhig und nervös. Fordere mich zum Tanz auf, sagen ihre Augen. Der junge Mann geht auf sie zu und fordert das Mädchen neben ihr auf.

Eine Einundzwanzigjährige studiert an der Universität. Sie ist endlich frei zu tun, was sie will, den ganzen Tag im Bett liegen, ausgehen, ins Kino gehen, lesen, schreiben, lachen, mit Freunden die Nacht durchmachen. Freiheit kann süß und anstrengend sein.

Ein Baby liegt auf dem Bett. Es schreit, es hat Angst. Die Bomben dröhnen. Die Mutter wirft ihren Körper auf das Kind, um es zu schützen.

Das Mädchen steigt von seinem Karussellpferd herunter. Das Karussell dreht sich weiter, die Musik spielt ein fröhliches Lied. Hörst du den Gesang der Vergebung?

Brigitte Ziegler

28
geliebtes, unschuldiges kind
Schauen Sie mit aller Liebe Ihres Herzens auf das Kind, das Sie waren. Geben Sie ihm den Blick und die Liebe, die Anerkennung und das Gesehenwerden, das es damals gebraucht hätte. Halten Sie es zutiefst in Ihrer Liebe.

Schreiben Sie ihm einen Liebesbrief, in dem Sie all das ausdrücken. Sprechen Sie es dabei mit Du an. Sehen Sie sein Leiden und halten Sie es innerlich in tiefer Liebe. Sagen Sie ihm, dass es frei von Schuld ist. Frei von Schuld. Frei von Schuld. »Du bist unschuldig.«

Sagen Sie ihm, wie Sie sich an ihm freuen; sich freuen, dass es da ist. Entdecken Sie zutiefst Ihre eigene Unschuld.

Wir sind die, auf die wir gewartet haben.
ORAIBI, Arizona, Hopi Nation

Nehmen Sie sich Zeit für sich, sorgen Sie gut für sich, gehen Sie in die Natur. Beachten sie Ihren inneren Rhythmus. Es macht wenig Sinn, wenn Sie die Übungen zu schnell hintereinander machen. Es braucht Zeit, bis sich alles setzen kann, um sich dann neu zu formieren.

Es braucht Leere und Stille und ganz normales Leben, einen gesunden Alltag dazwischen.

Lassen Sie sich Zeit.

Und trödeln Sie nicht.

29
sichtweisen
Teil 1
Entschärfen Sie heute wieder einmal Ihre innere Kritikerin, Ihren inneren Kritiker. Denken sie an die Übung mit dem Blatt neben Ihrem Hauptblatt ...

Suchen Sie sich einen Moment Ihrer Kindheit, der Sie heute noch beschäftigt, bei der in irgendeiner Weise ein Erwachsener (Vater und/oder Mutter) beteiligt ist.

Lassen Sie das Kind mit seiner authentischen Stimme sprechen (bitte überlesen Sie diesen ersten Teil des Satzes nicht) und von dieser Erfahrung erzählen. Lassen Sie es die Situation mit den unschuldigen Augen des Kindes erleben. Erlauben Sie der Geschichte, sich durch das Erzählen selbst zu entfalten.

Legen Sie eine kleine Pause ein, bevor sie zu Teil 2 der Übung übergehen.

Teil 2
Entschärfen Sie noch einmal Ihre innere Kritikerin, Ihren inneren Kritiker.

Schreiben Sie dieselbe Geschichte aus dem Blickwinkel des beteiligten Erwachsenen. Versuchen Sie wirklich, sich in den Erwachsenen hineinzuversetzen, nicht nur das äußere Geschehen aus seiner Sicht zu wiederholen. Schreiben Sie in der Ich-Form des Erwachsenen. Vielleicht hatte er ungeahnte innere Motive für sein Handeln, die die Geschichte in einem ganz anderen Licht erscheinen lassen. Versuchen Sie, hinter den Rollen »Mutter«, »Vater« den Menschen Mutter, Vater sichtbar zu machen. Als wären's nicht *Ihre* Eltern.

Entdecken Sie die Unschuld der anderen.

Die Erinnerung ist eine freie Gedankenform. Lassen Sie sie sich bewegen.

Teil 1
Vor mir steht dieser schwarze Sarg – Muetti steht weinend neben mir. Ich weiß, dass Vati in diesem Sarg liegt – ich kenne ihn nicht. Unser abendliches Rosenkranzbeten macht ihn nicht gesund – jetzt liegt er in diesem schwarzen Sarg. Ich trage ein schwarzes Kleidchen, das mir jemand geschenkt hat – ich mag das Kleid nicht – ich mag Schwarz nicht – ich möchte weggehen – all die Leute, die mich anstarren – soll ich weinen wie Muetti? Ich bin nicht traurig – ich bin wie ein Stein. Vati kommt nie mehr nach Hause. Wir brauchen nie mehr Rosenkranz zu beten, der liebe Gott hört ja sowieso nicht zu. Ich möchte nach Hause gehen – oder noch lieber in den Wald, da kann ich mit Moos und Stöckchen ganze Dörfer bauen, das gefällt mir. Ich verstehe nicht, was der Pfarrer sagt – der Sarg verschwindet

in der Grube – können wir jetzt gehen? Muetti nimmt fest meine Hand – ich bin froh, dass sie da ist, auch wenn sie traurig ist – ich werde heute Abend etwas ihr zuliebe tun – an den schwarzen Sarg werden wir nicht denken.

Teil 2
Es ist für mich furchtbar, meinen Mann beerdigen zu müssen. Bertali hat ihren Vater nie gesehen – ich hatte die Hoffnung nicht aufgegeben, ihn aus der Psychiatrie nach Hause nehmen zu können. Und nun dies … Die Kinder werden endgültig ohne Vater aufwachsen. Die Verantwortung liegt allein auf meinen Schultern – oft komme ich an die Grenzen meiner Kräfte. Was geht in Bertali vor sich? Es wirkt so unbeteiligt. Und doch habe ich für das Kind keine Angst, es ist ein Sonnenschein. Es wird mir eine Stütze sein, von ihm erwarte ich keine größeren Schwierigkeiten – anders als bei Päuli, er ist so viel krank. Irgendwie werden wir drei es schaffen – ich fasse fest die Hände meiner beiden Kinder – Bertali erwidert meinen Druck, Päuli entzieht mir die Hand.
Muttersein in dieser Situation ist nicht einfach.

Berta Emilia Herold

Wenn Ihnen der Perspektivwechsel in der vorherigen Übung gelungen ist und Sie sich Zeit genommen haben für das Glück oder den Schmerz – und alles dazwischen –, die eigenen Eltern als *Menschen* wahrgenommen zu haben, gehen Sie mutig weiter.

Wenn nicht – üben Sie noch etwas mit der einen oder anderen Erinnerung. Und gehen Sie dann ebenso mutig weiter. Auch wenn der Schritt nicht gelingt. Allein der aufrichtige Versuch ist schon »Licht darauf werfen«. Vielleicht ist diese Art der Loslösung nicht Ihre; dann ist der Ausgang für Sie einfach ein anderer. Vielleicht das Ritual.

30

… ist ein ritual

Suchen Sie sich bei gutem Wetter einen Platz in der Natur, in der Nähe eines Gewässers, ein kleiner Teich genügt. Sorgen Sie dafür, dass Sie geschützt sind. Wenn Sie in einer Stadt leben, suchen Sie sich eine stille Stelle in einem Park oder Sie unternehmen am nächsten Wochenende einen Ausflug aufs Land.

Entspannen Sie sich, nehmen Sie sich Zeit. Jetzt bitte ich Sie, zehn kleine Steine zu sammeln. In Achtsamkeit. Und danach in Ruhe zehn Wörter, die schmerzhaft mit Ihrer Kindheit verbunden sind. Schreiben Sie eines nach dem anderen auf ein Blatt.

Nun nehmen Sie für jedes Wort eines der Steinchen auf, sehr bewusst, in großer Präsenz.

Gehen Sie mit diesen Steinchen in Ihrer Hand, in Ihrer Tasche zum nahen Gewässer.

Bleiben Sie in großer Präsenz und Bewusstheit. In dieser Haltung werfen Sie jetzt das erste der Steinchen ins Wasser und mit ihm das Wort und die daran gebundene schmerzhafte Erfahrung.

Dann suchen Sie sich, bevor Sie das nächste Steinchen werfen, ein Wort, das sehr präzise das alte aufhebt, Sie in die Freiheit trägt, es *wirklich* auflöst. Das ist oft nicht das Gegenteil, da muss man sehr genau schauen. Wenn Sie zum Beispiel das Wort *traurig* an einen ihrer Steine gebunden haben, wäre das offensichtliche Gegenteil davon *froh*. Vielleicht ist es aber nicht das Wort *froh*, bei dem Sie die Frische Ihres neuen Lebens schmecken (denn nur das löst das alte wirklich auf). Vielleicht ist es eher das Wort *heiter*, oder *aufrecht*, oder *nach-vorn-tretend*, oder *spitzbübisch*, oder *energiegeladen*, oder …

Schreiben Sie es auf. Und auf diese Art und Weise lassen Sie alle Steinchen los. Übergeben sie der Natur, unserer gütigen Erde, der Schöpfung, dem Kosmos. Und kommen mit einem reichen Schatz der Inspiration wieder nach Hause.

Wenn Sie mögen, können Sie eine Weile mit diesen neuen Wörtern wie mit einer Affirmation arbeiten. Nur wenn Sie mögen.
Achten Sie sie – wie auch immer.

_____ mein leben – das erwachsenenalter

Vielleicht haben Sie schon viele Jahre Therapie hinter sich, meditieren schon lange oder beginnen gerade erst, neugierig auf sich und das Große Ganze zu werden, getrieben von einer lebenslangen Sehnsucht, geworfen von einem Schrecken, geöffnet von einem Bruch in der Lebensmitte. Das macht auf der Ebene unseres tiefsten Seins keinen Unterschied. Dort, an diesem ortlosen Ort, ist es still, immer, dynamisch, zeitlos, alles umfassend. Es ist das, was wir *sind*, wohin alle Sehnsucht geht und worauf sich jeder Fokus eines wie auch immer gearteten Wegs richtet. Und es kann keinen Weg, keinen Pfad geben, weil wir dieses Sein schon *sind*. Das ist die paradoxe Situation der Suchenden. Da wird so manches Mal die Suche selbst zum Leiden, auch wenn sie begann, um dem Leiden zu entkommen. Es gibt keinen Weg, keinen Pfad »irgendwohin«, ist doch das ewige Sein, die Wahrheit, das Namenlose, die unendliche Weite schon da, jetzt, in diesem Augenblick in uns, um uns. Das, was unsere Hand schreiben lässt, unser Herz schlagen, unser Auge sehen lässt, ist es. Und »irgendwo« in uns wissen wir das. Was könnten wir da »finden«?

Atmen Sie tief durch und wenden Sie sich wieder munter oder weniger munter Ihrer Geschichte zu. Vertrauen Sie darauf, dass Sie selbst wissen, was Sie brauchen. Ob Sie weitergehen jetzt, oder noch mehr in der Kindheit bleiben wollen. Ich sagte ja zu Beginn, dass zwar im Äußeren der Aufbau der Übungen linear erscheint, aber ein Prozess sich natürlich nie linear entfaltet.

Erwarten Sie eigentlich Ergebnisse? Dass Sie am Ende ein besserer Mensch sind? Sich überhaupt grundsätzlich bessern müssen? Wenn Sie solche oder ähnliche Vorstellungen mit Ihrem Entwicklungsweg verknüpfen, dann binden Sie sie schleunigst an ein Steinchen und rennen so schnell Sie können ans nächste Gewässer, um dieses Bemühen zu versenken. Sie kommen in Freiheit zurück. So können Sie wirklich Ihrem inneren Faden folgen.

Das könnte Spaß machen.

Einfach so.

Es gibt neben all den Entwicklungen, die wir durchlaufen von der Kindheit ins Erwachsenenalter, eine Kraft, die uns als Erwachsene zutiefst mit dem Leben verbindet, uns aber auch manchmal etwas verwirrt – die sexuelle Kraft. Die sexuelle Kraft ist tief mit dem Grundrhythmus des Lebens verbunden, sie verwurzelt uns auf dieser Erde, sie verbindet Himmel und Erde in uns – sie ist irdische Kraft und zugleich ein Teil der geistigen, aufsteigenden Kundalinikraft. Erotisches Empfinden unterscheidet sich im Erleben manchmal nicht, ob es auf einen Menschen oder auf das Göttlich-Glückselige gerichtet ist. Also eine recht spannende, manchmal auch spannungsgeladene Angelegenheit.

Mit der sexuellen Kraft leben wir, auch wenn wir sie nicht ausleben. Wir brauchen diese Kraft, um uns tief und wild lebendig zu spüren. Wohlgemerkt, das heißt nicht, dass wir sie direkt leben, ausleben müssen. Wir brauchen sie aber in uns *geöffnet*.

Parallel dazu leben wir in einer übersexualisierten Gesellschaft, die vielfach jeden Geschmack des Heiligen dieser Kraft vergessen hat. Wie können wir in diesem Umfeld einen eigenen Zugang zu dieser Kraft finden?

31

sexualität

Schreiben Sie die Geschichte Ihrer Sexualität.

Wie sie sich näherte. Langsam? Heftig? Sie trieb? Sie zur Verzweiflung brachte und/oder erfüllte? Wie sie erblühte. Nie erblühte? Schmerz bewirkte? Frucht trug. Nie Frucht trug? Sie weiter trug als jedes andere Gut auf dieser Erde. Sie ängstigte? An Abgründe trieb? Verfliegen ließ? Schon am Gehen ist?

Schreiben Sie mutig. Niemand wird diesen Text lesen, außer Sie teilen ihn mit jemandem.

32

heiliges geheimnis

Stellen Sie sich vor, dass Sie sich in Ihrem Inneren einmal wie ein Beobachter, eine Beobachterin still und annehmend neben diese tiefe Lebenskraft Sexualität setzen.

Spüren und staunen Sie, welche Kräfte in Ihnen wirken. Wir sind so ein Wunder. Lassen Sie ein Bild dazu in sich aufsteigen. Geben Sie sich Raum für das Indirekte, Geheimnisvolle.

Bleiben Sie still und staunend und schreiben Sie.

schreiborte II

Gestern ging es mir wie Goethe. Ich suchte das Weite. Der Zauber der alten assisischen Mauern erdrückte mich, es regnete und regnete, in den Kirchen fühlte ich nur die Enge (nicht bei Franziskus unten), den ganzen Tag schreiben kann ich ja auch nicht, tu' ich auch nicht, aber Schreiben ist auch harte, kräftezehrende Arbeit, das sagt einem nur vorher keiner, allein in einem Restaurant am Abend zu sitzen und vor mich hinstarren macht keine Freude, warum sollte ich es dann tun. Ich genieße das Alleinsein, aber nicht, wenn ich essen gehe, also gehe ich nicht essen, sondern koche mir mein Süppchen. Was dann auf die Dauer auch langweilig ist.

Ich lebe einfach. Morgens gibt es Obst, welch eine Fülle, dass es Obst gibt, mit Nüssen, mittags Brot und Käse mit Olivenöl, das hatte Franz sicher auch.

Setzte mich – nach dem abendlichen Süppchen – zur Meditation; meine Wohnung ist zwar nicht so ein kraftvoller Ort, dafür aber still. Und der Quelle ist es egal, wo man sitzt. Oder liegt. Denn nach einer Weile legte ich mich auf mein Bett, weil mir der Rücken schmerzte vom vielen Sitzen auf der harten Bank und dem wenigen Laufen im Dauerregen.

Alles zog sich zärtlich zurück. Die Stimmung, die Enge, die Langeweile versanken in vollkommener Auflösung. Alles Sein war durchdrungen von Nicht-Sein. Nichts mehr lag auf diesem Bett hinter den Mauern Assisis. Welche Mauern?

Sehr praktisch.

Spirituelles Leben ist sehr praktisch: Statt irgendwelche frühgeschichtlichen Gründe für eine Stimmung zu analysieren, verschwindet man einfach selbst – und die Stimmung ist verschwunden. So einfach.

Mit quellfrischem Wind kehrte ich heute Morgen mein ganzes Apartment aus, wusch meine Wäsche, zog mir etwas anderes an (wegen der kalten Temperaturen trug ich die ganze Zeit über denselben warmen Pullover), überprüfte den Gaszähler, wie viele Kubikmeter ich schon verbraucht hatte, und erlaubte mir, trotz ökologischen Bewusstseins und sparsamen Umgangs mit Ressourcen, auch denen meines Geldbeutels, den Thermostat meiner Heizung um ein Grad höher zu stellen, um nicht mehr andauernd zu frieren. Da hört die Einfachheit dann auf.

Der Himmel hat sich etwas geklärt.

Ich kann wieder laufen heute.

So Gott will.

Zum Durchforsten des Erwachsenenlebens lade ich Sie nun zu einer Reihe von Übungen ein. Sie können aber einfach auch selbst welche erfinden. Fragestellungen sind: Woran fühle ich mich gebunden? An Ereignisse? An Menschen – Partner, ehemalige Partner, Kinder, ehemalige Kinder? Nicht-Kinder? An Ideen über mein Leben – wie es sein sollte, hätte sein sollen und doch nicht ist? An Erfolg? Misserfolg? Oft klaffen auch der eigene Blick aufs Leben und das, was bisher geschah, seltsam auseinander.

Sie können sich in beliebiger Reihenfolge durch die nächste Übungsfolge schreiben. Füllen Sie die Lücken mit Ihren eigenen Impulsen, Ideen und Fragestellungen. Noch einmal zur Erinnerung – der innere Fokus bei diesem Schreiben richtet sich darauf, Frieden mit dem Geschehen oder den Menschen unserer Vergangenheit zu finden, so dass wir freier und freier werden und die Stille uns erfüllen kann. Seine Stille sei seine Erlösung, meinte Thomas Merton.

Seien Sie offen für ungewohnte Wendungen, die in Ihnen auftauchen mögen und eventuell einen gewohnten Blickwinkel vollkommen verschieben. Wir können auch um eine neue Sichtweise *bitten*.

Pausieren Sie und lassen Sie nicht locker. Haben Sie Geduld mit sich. Liebevolle Geduld wäre eine schöne Grundhaltung beim Schreiben über Ihr Erwachsenenleben.

Die Geduld ist bitter, doch ihre Frucht schmeckt süß.
Paschtunisches Sprichwort

33
achtzehn wörter
Schreiben Sie achtzehn Wörter auf, die Ihnen zu Ihrem Leben einfallen. Schreiben Sie die Wörter nicht untereinander, sondern verteilen Sie sie wild über das ganze Blatt. Denken Sie nicht so viel, bewerten Sie nicht, schreiben Sie einfach, was Ihnen einfällt.

Wählen Sie dann eines der Worte aus und schreiben Sie von dort aus eine kleine Geschichte.

Sie können mit diesem Wort, wenn es Ihnen liegt, ein Cluster bilden. Oder Sie erinnern sich an die Übung »Wortkette« – Sie setzen ein Wort in die Mitte, sammeln neun Wörter dazu und gehen von dort aus ins Schreiben.

Im Laufe der nächsten Tage können Sie, wenn Sie mögen, auch von den anderen Wörtern beziehungsweise von dem, was dahinter steht, schreiben.

34
glück

Erinnern Sie sich an einen wirklich glücklichen Moment in Ihrem Leben.

Wie er sich vorbereitete, seinen intensivsten Moment erreichte und wieder abklang.

Lassen Sie sich zu jeder Phase Wörter einfallen, ganz leicht, ohne sich anzustrengen, einfach so ...

Schreiben Sie aus diesen Wörtern ein Gedicht, ein paar Zeilen, eine Miniatur ...

Lassen Sie es glitzern.

Glücksmoment
Die Augen eines Kindes
ertasten die Welt
Keine Uhr tickt
Keine Landkarte weist den Weg
Kein Rat erschlägt den Moment
Kein Zweifel wirft seine Netze aus
Stille Neugier

Grenzenlose Weite flimmert
um mich
Leben pulsiert
aus sich selbst
Jede Zelle tanzt
Wie einfach
nichts zu wollen

Wohin? Wieso? Warum?
Was tun?
Fragen treiben vorwärts
Wissen fesselt
Wissen wollen
Schlingt ein Seil aus Angst

Brigitte Ziegler

35
sich vorstellen

Wenn man in unserem Kulturraum einen Ort neu betritt, dort Menschen kennenlernt, dann stellt man sich üblicherweise vor.

Sie kommen jetzt zu uns, zu Menschen, die wohlwollend auf Sie blicken, und stellen sich uns vor. Damit wir Sie kennenlernen können, Sie in Ihrer Verschiedenheit wahrnehmen können. Sie tun das über die Grenzen von Raum und Zeit hinweg:

Wie hätten Sie sich gestern vorgestellt. Wie stellen Sie sich heute vor. Wie wollen Sie sich morgen vorstellen?

Gestern

war ich reisend, ich reiste durch Länder, durch Beziehungen, durch Suchen, ich reiste durch feste Freundschaften und zukünftige Vorhaben, auch reiste ich durch Hoffnungen auf die Zukunft. Gestern reiste ich durch das Gestorbensein meiner Mutter, durch Abschiednehmen von meinem Vater, durch die Angst um meine betroffene Schwester, gestern reiste ich durch die Sehnsucht nach meinem Bruder, danach wieder an seinem Grab zu stehen, sein Lächeln zu hören oder seine versteckte Sympathie mir gegenuber zu spüren. Gestern war mit viel Unruhe versehen, mit Erschöpfung so viele Wege zu gehen, die ich alle brauchte. Gestern war Grenzenlos, war Haben-Wollen, Wissen-Wollen, Können-Wollen, Tempo-Geben, Alles-Wollen.

Heute

besteht ein Standort. Heute habe ich einen Lebensrhythmus, ich bin schlichter da, habe Beziehungen losgelassen, habe mich verabschiedet, heute vertraue ich auf etwas Unsichtbares, auf etwas, das mich begleitet in Güte und mir hilft, Stürze und Stolpern und Missgeschicke mit Freundlichkeit und Verzeihen zu meistern. Heute gehe ich mit mir in die Fremde und erprobe mich weiter darin.

Morgen

bin ich freier, noch freier, wie meine Träume es sind. Weite Sicht zeigen sie mir. Morgen schöpfe ich aus meinem Totemtier und verurteile und vergesse mich nicht mehr. Morgen gehe ich durch frühes Morgenlicht, spreche ich eine andere Sprache und bin zugehörig zur großen Menschenfamilie. Morgen trage ich das Gestein mit mir, in meinem Rucksack, der mich wärmt.

I. M.

36

drei ereignisse

Auch in Ihrem Erwachsenenleben gibt es vermutlich Ereignisse, die schwer oder schwierig für Sie waren. Verluste, Trennungen, Erkrankungen, Misserfolge oder was auch immer.

Was waren die drei zentralsten dieser Ereignisse?

Erzählen Sie davon.

Wenn Ihnen die Kraft ausgeht, erinnern Sie sich an den sicheren Ort in Ihnen oder meditieren Sie oder schreiben Sie erst einmal vom Jetzt, diesem Augenblick.

Vielleicht war es anstrengend für Sie, vielleicht eine unendliche Erleichterung. Vielleicht haben Sie zwanzig Seiten geschrieben, vielleicht ein Gedicht von vierzehn Zeilen. Lesen Sie sich nach ein paar Tagen Ihren Text einmal laut vor und spüren Sie die Kraft der Loslösung, die uns das Aufschreiben schenkt. Wenn Sie gefühlsmäßig stark reagieren beim lauten Lesen, dann noch einmal meine Einladung, ihn öfter zu lesen. So oft, bis Sie frei atmen und aufrecht stehen.

> *Wo das Herz hingeht, folgen auch die Füße.*
> Persisches Sprichwort

So können Sie Ihrer eigenen Stimme lauschen.

37

die eigene stimme

Setzen Sie sich bequem hin, entspannen Sie sich. So entspannt, wie es Ihnen heute, in diesem Augenblick möglich ist. Und atmen Sie entspannt. Greifen Sie nicht in den Atem ein, nehmen Sie ihn nur wahr, wie er von alleine geht und kommt.

Lassen Sie jetzt aus Ihrer Stille das erste Wort, das in Ihnen auftauchen möchte, auftauchen und wiederholen Sie es sanft, fünfmal, zehnmal, viele Male. Wenn Sie spüren, dass es dieses Wort nicht ist, das Sie in Ihrer Innenwelt im Moment ausdrückt, dann wählen Sie ein anderes und wiederholen Sie dieses sanft in Ihrem Atem.

In diesem behutsamen Ansprechen Ihrer Gefühle, Empfindungen, Wahrnehmungen, Zustände und im Weiteratmen, Weiteratmen auch im Erleben, gelangen Sie nach und nach in eine aufnahmefähige Aufgeschlossenheit. Sie beginnen, Ihrer Stimme zu lauschen.

Beginnen Sie, sie aufzuschreiben.[34]

Für die nächste Übung bitte ich Sie, sich wirklich ausreichend Zeit zu nehmen und gut für sich zu sorgen.

Es ist eine Einladung zu einer sehr umfassenden Auseinandersetzung mit dem eigenen Leben, es kann eine ganze Biographie daraus entstehen: Sie verfolgen Ihr Leben anhand eines einzigen Bereichs. Ich habe hier als Vorschlag an erster Stelle die Wohnung gesetzt. Die Wohnung Ihrer Kindheit, Ihre erste eigene Wohnung, die Wohnung im Ausland, mit dem ersten Partner, was sich darin abgespielt hat, Ihre heutige Wohnung – merken Sie, wie Ihnen schon die Ideen kommen? Die Wohnungen ergeben die Abschnitte, oder, wenn Sie eine Vielschreibende sind, die Kapitel.

Selbstverständlich können Sie auch etwas anderes wählen.

38
ein thema durch alle lebensalter

Nehmen Sie *einen* Aspekt des Lebens, *ein* Thema, und verfolgen Sie es durch alle Lebensalter: Ihre Wohnung, Ihren Körper, Ihren Umgang mit Essen, Ihre Sexualität, Ihre Spiritualität, Humor, ein Ereignis. Oder wählen Sie ein eigenes Motiv, ein Möbelstück, das Sie begleitete, oder eines, das wir immer brauchen, einen Stuhl, ein

Bett, einen Tisch – wie auch immer. Oder ein Gefühl, eine Angst, eine Freude, wie Sie lernen oder erfolgreich sind ...

Schreiben Sie von diesem Einen durch alle bisher gelebten Phasen Ihres Lebens.

Nach diesem großen Bogen über Ihre Lebensstationen ist der Blick frei. Sie können neu schauen. Erst einmal aus der Luft.

39
beobachter/-in
Beobachten Sie sich einmal von oben. Fliegen Sie wie ein leiser Beobachter über sich. Erfahren Sie Ihren Körper aus der Entfernung. Schauen Sie auf Ihre Ängste und Ansprüche, Ihren Schmerz, Ihr Anhaften, Ihren Ehrgeiz aus der Entfernung, als würden sie gar nicht zu Ihnen gehören. Schauen Sie, wie relativ alles wird, von hier oben aus betrachtet. So unter dem weiten Sternenhimmel.

Schauen und schreiben Sie mit Liebe.

Versuchen Sie diesmal eine andere Textform zu finden, eine, die Sie bisher noch nicht so häufig verwendet haben. Sie könnten in die Dialogform gehen (eine Wolke wäre ein gutes Gegenüber), oder ein Essay schreiben (das hilft gut für Distanzierung), oder wie eine Journalistin der Lüfte berichten ...

> *Einen neuen Schritt zu wagen oder ein neues Wort auszusprechen,*
> *fürchten die Menschen am meisten.*
> FJODOR M. DOSTOJEWSKI

40
der nächste schritt
Schreiben Sie eine Geschichte in der dritten Person, in der eine
Figur genau den Schritt vollzieht, vor dem Sie am meisten Angst
haben.

Eine richtig schöne, kraftvolle, überschwängliche Geschichte. Da
darf es richtig zur Sache gehen, da darf man die Kraft nur so aus den
Wörtern sprudeln hören.

Oder wie auch immer.

Kann auch eine leise, innere Kraft sein, die sprudelt …

_____ die schatten tanzen

Leise möchte ich wieder und wieder daran erinnern, dass hier zwar die
einzelnen Kapitel aufeinander folgen, aber eigentlich tief ineinander ver-
flochten sind. Sie können springen, selber Ihre Übungen dazu erfinden –
wie Sie es brauchen. Wenn ein Aspekt Ihrer Kindheit oder Ihres bisherigen Lebens, der für Sie sehr wichtig ist, nicht vorkam – ergänzen Sie ihn.
Und natürlich ist mir klar, dass man sich nicht mit drei Geschichten von
seiner Kindheit löst. Aber den Samen legen, das geht. Und von dort aus
wächst es weiter. Und viele von uns haben ja auch schon viel »Vorarbeit«
geleistet.

Nur nicht ausweichen im Springen.

Wir rennen dem Schatten, den ungelebten Aspekten unserer Persönlichkeit, nicht nach. Einen Blick ist er aber schon wert. Einmal umdrehen.
Ansonsten Wachsamkeit, wo er von alleine um die Ecke huscht und sich
einmischt.

Der Schatten ist nicht nur das, was wir nicht wollen, wie wir sind, sondern auch das, was wir uns nicht trauen zu leben, tabuisierte Bereiche,
verborgene Kräfte.

Es ist ein solcher Genuss, frei zu sein. Die tiefste Freiheit geht natürlich über die Ebene »erlöste Kindheit« hinaus. Und doch ist es unendlich hilfreich, auf uns als ganzen Menschen zu schauen, denn wo immer wir stehen – das Unerlöste holt uns ein, es lässt sich nicht einfach auf eine andere Ebene verschieben, sondern braucht Auflösung dort, wo es wirkt.

41
keine geschichte. ein kühler bericht

Schauen Sie auf Erfahrungen Ihrer Kindheit. Werfen Sie jetzt den Blick auf den- oder diejenige, der/die Ihnen etwas Schmerzhaftes, Leidvolles, Kränkendes, Einengendes zugefügt hat. Beobachten Sie einfach das Bild.

Beschreiben Sie sehr sachlich, wie Sie heute dasselbe sich selbst zufügen.

Einfaches Beispiel: Ihr Vater hat Sie geschlagen – wie schlagen Sie sich selbst innerlich? Mit Worten? Mit sich Runtermachen? Mit Sich-Klein-Halten? Wie?

Seien Sie mutig, genau hinzuschauen.

Und gehen Sie weiter – wie fügen Sie das, was Ihnen widerfahren ist und was Sie jetzt sich selber zufügen, anderen zu? Seien Sie mutig. Schauen Sie hin. Ganz sachlich. Einfach beobachtend, wahrnehmend.

Wenn Sie beginnen, nicht-wertend hinzuschauen, wie Sie die Dinge handhaben, ohne zu versuchen, etwas zu ändern, wird die Wandlung von alleine geschehen.

Schreiben Sie sachlich. Auch wenn es weh tut.

Die vorige Übung ist eine der zentralsten, um auf der Ebene der Erscheinungswelt frei und erwachsen zu werden. Was kann uns nach diesem Blick noch geschehen?

Es ist immer außerordentlich befreiend, sich das, was wir erlitten haben, noch einmal von der anderen Seite her anzuschauen. Aber auch hier gilt: nicht zu früh. Heißt: nicht ohne Liebe. Wenn Sie diesen Blick mehr schuldig als aufatmend befreit werfen, ist er zu früh. Lieben Sie noch mehr, noch mehr, alles, was Sie sind und waren.

> *Man kann etwas nur so weit erkennen, als man es liebt.*
> AUGUSTINUS

Wenn ich mich mein Leben lang als Opfer fühlte, ist es einfach unendlich hilfreich, auch einmal die andere Seite in mir zu sehen. Wie verletze ich mich und andere? Wo bin ich zerstörerisch mir selbst und anderen gegenüber? Wie übe ich gegen mich selbst oder andere Gewalt aus? Wie manipuliere ich mich selbst oder andere? Wie betrüge ich mich selbst und andere?

Vielleicht ist es ja nicht so angenehm, das zu sehen. Aber das macht nichts – die Wirkung dieses Blicks ist sehr, sehr befreiend. Und das beste Heilmittel für die Krankheit, immer über andere zu urteilen.

Wichtig bei diesem Blick ist, diese Seite nicht nur in Bezug auf andere, sondern auch in Bezug zu sich selbst zu sehen: Wo gehe ich *mit mir selbst* auf diese Weise um? Auf diese Weise, die ich anderen vorwerfe …

Nach dem ersten herben Blick, dem schweren Atem des Erkennens hilft es, diesen Seiten eine gewisse Leichtigkeit zu geben, die Schatten tanzen zu lassen. So integrieren sich diese ausgesperrten Kräfte leichter und stehen uns als mächtiges Potential frei zur Verfügung. Und wir Schreibende haben dazu eine phantastische Möglichkeit – wir entwickeln Figuren aus diesen Seiten.

> *Die Personen meines Romans sind meine eigenen Möglichkeiten, die sich nicht verwirklicht haben. Deshalb habe ich sie alle gleich gern, deshalb machen sie mir alle die gleiche Angst. Jede von ihnen hat eine Grenze überschritten, der ich selbst ausgewichen bin. Gerade diese unüberschrittene Grenze zieht mich an. Erst dahinter beginnt das große Geheimnis …*
> MILAN KUNDERA[35]

In der Sufi-Tradition gibt es die Geschichte, in der der große Heilige Jami in der Nacht von einem Polizisten, der einen Dieb suchte, festgenommen wird. Als ihn der Bürgermeister am nächsten Morgen in der Zelle entdeckt und ihn voller Entsetzen fragt, wie er dazu komme zu sagen, er sei ein Dieb, antwortete Jami: Was bin ich nicht. Der Dieb, der Bettler, der König …

42
was bin ich nicht
Teil 1
Falten Sie ein Blatt der Länge nach und sammeln Sie auf der linken Seite listenförmig Eigenschaften von andern Menschen, auf die Sie stark reagieren – entweder in Faszination, starker Attraktion oder in Angst, Abwehr, Abscheu, Ärger. Die schrecklichsten Eigenschaften Ihrer Eltern, Partner, Kinder, Kollegen und Freundinnen. Das Tollste am Objekt Ihrer Sehnsucht. Können nur ein paar Wörter sein oder eine feine Beschreibung – wie auch immer. Aber in Form einer Liste auf der linken Seite des Blattes.

Teil 2
Lesen Sie jetzt Wort für Wort, was Sie auf der linken Seite geschrieben haben. Und nehmen Sie sich beim Lesen Zeit und Raum, die beschriebene Eigenschaft oder Facette in sich zu fühlen, in sich auftauchen zu lassen, wahrzunehmen.

Spüren Sie, wie Sie sie als Qualität in sich zur Verfügung haben.

Unabhängig von unserem eigenen Entwicklungsprozess brauchen wir beim Schreiben die Fähigkeit, uns in andere hineinzuversetzen. Nur so entstehen zum Beispiel lebendige Figuren eines Romans.

Und wenn Sie nun die Eigenschaft *in sich spüren*, wirklich fühlen, mit allen körperlichen Reaktionen wie Schweiß und Enge und

Kichern – schreiben Sie auf der Liste rechts daneben, ganz langsam und bewusst:

was bin ich nicht.

Jetzt ist es Zeit, einmal wieder richtig aufzuatmen, die Fenster zu öffnen, sich einen guten Tee zu kochen, den Amseln auf dem Dachfirst gegenüber zuzuschauen, sich zu strecken und zu recken, um dann ausufernd und hemmungslos zu erzählen. Die Zügel vollkommen loszulassen und in das nächste Experiment zu springen.

43

eine figur sein

Suchen Sie sich aus den folgenden Beispielen eines heraus. Ganz locker. Einfach eines, das Sie anspringt. SEIEN Sie jetzt diese Figur und schreiben Sie in der Ich-Form als diese Figur. Lassen Sie sie sprechen, erzählen, sich ausbreiten, winden, verwehen, Abenteuer bestehen – wie auch immer. Wenn Sie keine der vorgeschlagenen Figuren anlacht, nehmen Sie sich Ihre eigene Erfindung.

Eine Königin / ein König
Eine Wilde / ein Wilder
Eine Sanfte / ein Sanfter
Eine Mutige / ein Mutiger
Eine Ängstliche / ein Ängstlicher
Eine Machthabende / ein Machthaber
Eine Gefangene / ein Gefangener
Eine Weise / ein Weiser
Eine Erfolgreiche / ein Erfolgreicher
Eine echte Gaunerin / ein echter Gauner
Eine richtige Versagerin / ein richtiger Versager

Eine Lebenskünstlerin / ein Lebenskünstler
Abenteurer, Triebtäter, brave Ehefrau
usw.

Der göttliche Funken in mir entspringt derselben Quelle wie der in Ihnen. Das, was Sie leben lässt, ist dasselbe, was mich leben lässt. Ist dasselbe, was alle anderen auch leben lässt. So – wo ist der Unterschied? Was sind wir nicht.

Wenn Blockaden beim Schreiben auftauchen, denken Sie daran: Eigentlich gibt es gar keine Blockaden, nur eine Art anderer Bewegung als die, die Sie vielleicht gerade erwartet haben. Wenn Sie mögen: Erinnern Sie sich an die Übung »Blatt daneben« und legen Sie neben Ihre Tastatur oder Ihr Hauptblatt eine lose Seite und lassen Sie dort die Stimmen rufen, die sich in Ihr Handwerk mischen.

44
das unannehmbare annehmen
Entspannen Sie sich. Suchen Sie sich vor Ihrem inneren Auge einen Platz in der Natur, an dem Sie sich wohlfühlen. Vielleicht ist es ja Ihr sicherer Ort. Ruhen Sie sich dort aus. Spüren Sie den Wind, den Duft, betrachten Sie Ihre Umgebung genau. Lassen Sie sich hinein-fallen in die Vollkommenheit Ihrer Umgebung und bleiben Sie ent-spannt. So gut, wie Sie sich eben jetzt entspannen können.
   Ein Mensch taucht am Horizont auf. Sie erkennen, dass es ein Mensch ist, mit dem Sie schon lange sprechen wollten,
   wovor Sie aber schreckliche Angst hatten
   mit dem Sie einen ziemlichen Konflikt haben oder hatten
   mit dem Sie noch nie etwas zu tun haben wollten
   der Ihnen wirklich zusetzt

ein »schwieriges« Kind von Ihnen
eine »schwierige« Mutter / ein »schwieriger«Vater/ Partner

Mit diesem Menschen sitzen Sie jetzt ganz entspannt in der Natur. Atmen Sie weiter. Entspannt. Sie sitzen still nebeneinander. Nehmen Sie die Schönheit der Natur wahr.

Dann beginnen Sie, diesen Menschen zu betrachten – er tut nichts, sitzt nur da, tut Ihnen nichts. Sie betrachten ihn. Seine Haltung, sein Aussehen, nehmen die Atmosphäre wahr. Bleiben Sie entspannt. Atmen Sie weiter.

Versuchen Sie nun, diesen Menschen mit annehmender Liebe zu betrachten. Verbeugen Sie sich vor ihm, vor dem Göttlichen in ihm. So gut es geht. Sehen sie das Licht in ihm, den unterschiedslosen Lebens-Funken, der in uns allen ausnahmslos lodert.

Nach einer Weile stellen Sie ihm eine Frage. Und Sie bekommen eine genaue, ruhige, liebevolle Antwort. Sie beginnen miteinander zu sprechen. Wie Sie noch nie gesprochen haben. Hören Sie einander zu. Sehen Sie sich an. Vielleicht erhalten Sie sogar ein Geschenk.

Kommen Sie aus Ihrer Vorstellungswelt zurück in die Gegenwart und schreiben Sie diese Geschichte. Vielleicht ist es eine Geschichte der Wandlung.

Vielleicht.

schreiborte I

Gestern ließ ich die kommenden Worte liegen und schlafen und stehen. Wortruhe gleichsam. Für einen guten Zweck: Anna auf dem Berg. Es ist immer noch Winter, und die Nächte sind kalt. Aber die Tage. Ein einziger Glanz.

Schon beim Frühstück schoben sich die sonnigen Hänge über meine Zeitung. Einen dieser Berge setzte ich dann vorschlagsweise auf den Tisch. Dort entfaltete er sich lockend. Keine Disziplin, kein Pflichtgefühl, kein normaler Montag hatte eine Chance. Mein Mann auch nicht – er ließ alles stehen und liegen und ging mit.

Es gibt in ungefähr einstündiger Entfernung einen Ort in den Bergen, wo auf einer Hochebene ein großes Langlaufgebiet ist. Dort hinauf werden die Skifahrer und Spaziergänger mit einem Unimog mit breiten Schneeketten gefahren. Besser geht's nicht. Neben den Loipen gibt es kilometerlange Winterspazierwege.

Am Tag zuvor hatte ich die Realität hier auf dieser Welt als flach und leer wie ein Blatt erlebt. »Ich« war nicht da und konnte durch alles hindurchfassen. Und heute strahlt diese Welt von außen und innen. Was ist wirklich? Die Frage verging mir in dieser weißen Schneeweite, deren milliardenfach aufgesetzte Reifblättchen in der Sonne gleißend zitterten.

Wir schritten kräftig aus, blieben stehen, lauschten der Stille der Berge, des Schnees, des klaren Himmels, der Stille selbst. Gingen weiter. Vor der Annakapelle sprach uns ein Paar an und wollte fotografiert werden. Klaus, mein Mann, tat das gerne. Und es gibt so Situationen, wo jedem Versuch, Realität festzuhalten, etwas zutiefst Komisches innewohnt. Aber der kosmische Witz schaut ja nicht nur in solchen Momenten vorbei. Sein leichtes Vibrieren verbirgt sich auch in der grandiosen Schönheit dieses Bergmorgens. Wo nicht.

Die Annakapelle ist ein starker, stiller Platz. Anders als viele Kapellen in unserer Gegend ist sie in einfacher, klarer Linie, ohne Zierrat gehalten. Auf dem Altarbild liegt Mariens blauer Mantel schon bereit. Und Anna, ihre Mutter, hat ihr das heilige Buch daraufgelegt und scheint sie zu unterweisen. Wir sitzen eine Weile still.

Zum Mittagessen, unten im Dorf, sind die Tische im Freien gedeckt, so sonnig ist es. Es gibt Kürbissuppe mit Balsamicospritzern und eine Traubensaftschorle. Zum Kaffee danach rutsche ich entspannt in meinem Sessel nach unten, strecke meine müden Beine aus und schließe die Augen.

An den Nebentisch hat sich ein Paar gesetzt und studiert murmelnd die Speisekarte. Plötzlich fliegt aus dem Murmeln heraus ein Wort über die Terrasse – der Mann liebäugelt mit einer Gulaschsuppe. Es tanzt vor meinen geschlossenen Augen, meine lieben Augen. Es liebäugelt. Ich übe, öffne meine Lider und äugle lieb auf meinen Kaffee, meine rauen Winterhände, die Menschen an den Terrassentischen, meinen Mann. Es macht enormen Spaß, lieb zu äugeln. Kann gar nicht mehr aufhören.

Tiefer als die erzählte Geschichte dringt das Märchen in das weite Land der Seele. Es wechselt die Sprache – es spricht in Symbolen.

Unsere Geschichte aus den scheinbar realen Bezügen lösen, Schritt für Schritt, und sie als Märchen sich bewegen lassen, als Abbild der inneren Seelendynamik, ist eine Möglichkeit uns aus dem unendlichen Meer der Möglichkeiten zu befreien und ein erster Geschmack davon, dass sich unser Leben von innen nach außen formt.

Es ist für viele Menschen heute nicht immer leicht, symbolhafte, gleichnishafte Zusammenhänge herzustellen. Vor vielen Jahren schon, als mein eigenes Kind noch zur Schule ging, erzählte mir eine Religionslehrerin, dass die Fähigkeit der Kinder, Gleichnisse zu verstehen, immer mehr und immer früher, was das Alter der Kinder angeht, abnehme. Sie brauche viel länger, um zu vermitteln, dass eine Geschichte in der Bibel nicht unbedingt als real so geschehen zu sehen ist, sondern eher in Bildersprache über unseren seelischen Innenraum erzählt – ein Raum, der nicht unbedingt in einer Eins-zu-eins-Sprache berührt werden kann. Wenn wir also »reale« Erfahrungen unseres Lebens in symbolhafte Bilder, zum Beispiel in ein Märchen, übertragen, lösen wir uns einen Schritt aus der Erscheinungswelt und berühren einen – linear gesprochen – tieferen seelischen Raum. Und »distanzieren« uns im gleichen Maß wieder ein klein wenig von diesem Ich in uns, das sich so identifiziert mit all dem, was es so gelebt, erreicht, erlitten, nicht gelebt, nicht erreicht, nicht erlitten hat.

> *Das Leben ist eine Tragödie, wenn man es aus der Nähe betrachtet,*
> *es wird zur Komödie, sieht man es aus größerer Entfernung.*
> CHARLIE CHAPLIN[36]

45
zwei seiten

Versuchen Sie, sich Ihren eigenen unterschiedlichen Seiten einmal spielerisch zu nähern. Diese »Persönlichkeit« ist sowieso nicht Ihr wahres Wesen, sondern ein Spiel der großen Wirklichkeit. Also spielen Sie doch einfach mal mit. Treten Sie zurück von sich selbst, stellen Sie sich vor, jene Große Wirklichkeit drückt sich in Ihnen aus. Es sind also gar nicht Sie. So lässt sich leichter spielen …

Suchen Sie sich zwei unterschiedliche Seiten Ihrer Persönlichkeit. Zum Beispiel Ihre Fähigkeit, sehr geduldig zu sein, und Ihre Fähigkeit, als hervorragender Angsthase durchs Leben zu gehen. Oder Ihre Fähigkeit, in schnellem Tempo zu rennen, und Ihre Fähigkeit, mit großer Schläue andere in die Pfanne zu hauen. Entwickeln Sie aus diesen beiden Seiten jeweils eine Figur.

Die Figur kann ein Mensch oder ein Tier sein, oder ein Wesen aus anderen Orten – wie auch immer. Arbeiten Sie einfach die Qualitäten heraus. Mit Lust und Leidenschaft, geben Sie sich ganz hinein in die Figur und lassen Sie sie sich entfalten.

Hasenherz und Kriegerherz
Lebten auf der Heide
Taten sich nichts zuleide

Die perfekte Liese
Saß fröhlich auf der Wiese
Sie zählte jeden Stein
Und trug ihn in ein Büchlein ein

Ganz anders die Schlampinini
Die sagte: So was mach ich nie!
Alles lassen wie es ist
Das ist der größte Mist
Wie du meinst, perfekte Liese
Ohne Chaos keine Wiese!

Brigitte Ziegler

Ich entdeckte in meinem Inneren einen Zoo der Lüste, ein Tollhaus an
Begierden, eine Kinderstube der Ängste, einen Harem verhätschelter
Aversionen.

C. S. LEWIS

Das Schreiben eines Märchens hat viele befreiende Aspekte. Die Vertiefung und die Distanzierung habe ich schon angesprochen. Ein Märchen gibt uns auch die Möglichkeit, schamlos zu sein. Es bietet die Lust an der Entfaltung, sich selbst durch die Heldin oder den Helden einmal frei fliegen zu lassen, einmal all das zu können, zu wagen, zu beschreiten, wovon wir spüren, dass es in uns angelegt ist, und das Eingesperrte, Unsichere einmal tanzen zu lassen. Einmal nicht freundlich und höflich zu sein, sondern dieses Böse, Dunkle, Widerständische so richtig in sich zu spüren. Wenn wir uns im Schreiben nicht ganz hineinversetzen, wenn die Prüfung zu leicht, das Gegnerische zu lasch ist, dann fehlt dem Märchen die Kraft.

Im Märchen gibt es in der Handlung einen Dreischritt: den Anfangskonflikt – die Suche/Prüfung – die Lösung. Außerdem gibt es einen Helden oder eine Heldin, Helfer und Gegner und einen Handlungsort.

Märchen sind oft voller Poesie, voller Geheimnisse, Wiederholungen und Zahlenspiele. Sie sind ganz und gar symbolisch zu verstehen, sind aber unerträglich, wenn das direkt sichtbar ist. Ein Symbol hat die Kraft des Verborgenen.

46
zentraler konflikt
Entspannen sie sich. Atmen Sie. Und bleiben Sie entspannt.

Öffnen Sie sich für die Frage: »Gibt es einen zentralen Konflikt in meinem Leben?« Etwas, das Sie seit sehr langer Zeit in der einen oder anderen Variante immer wieder begleitet. Das stärker ist als alles andere. Falls es mehrere sind – entscheiden Sie sich für einen, am besten den zentralen.

Erzählen Sie schreibend über diesen Konflikt in Ihrem Leben. Noch ganz »real«, eins zu eins, nicht als Märchen.

Bei solchen Themen ist es immer ganz gut, zwischendrin ein bisschen zu tanzen. Hier ist es der Tanz der Muscheltänzerin, die ein junges Mädchen im Übergang begleitet. Und ein Konflikt ist der Ruf nach einem wie auch immer gearteten Übergang. Also – wenn Sie mögen – tanzen Sie!

Sie ist in Bewegung, Bewegung
Sie ist in Bewegung, Bewegung.

Weiße Muschelfrau, in Bewegung
Ihre Schuhe aus weißen Muscheln, in Bewegung
Ihre Schuhe, schwarz glänzend, in Bewegung
Ihre Schnürsenkel aus weißen Muscheln, in Bewegung
Ihre Beinkleider aus weißen Muscheln, in Bewegung …

Ihr Tanzrock aus weißen Muscheln, in Bewegung
Ihr Gürtel aus weißen Muscheln, in Bewegung
Ihr Armreif aus weißen Muscheln, in Bewegung
Ihre Kette aus weißen Muscheln, in Bewegung
Ihre Ohrringe aus weißen Muscheln, in Bewegung …

Über ihr tanzt schön ein Drosselmännchen
Sie ist in Bewegung
Er singt: Seine Stimme ist schön, sie ist in Bewegung ...

Vor ihr ist alles schön, sie ist in Bewegung
Hinter ihr ist alles schön, sie ist in Bewegung

Sie ist in Bewegung, Bewegung
Sie ist in Bewegung, Bewegung.[37]

Tief in jedem Konflikt liegt eine verborgene Lösung. Und in der Lösung liegt eine Vision. In der Bildersprache des Märchens kann sich das sogenannte Böse zum Beispiel durch Liebe wandeln. Wenn ich aus einer Seite von mir, die ich bis jetzt verachtet, versteckt, abgewertet habe, eine Märchengestalt entwickle, so kann sie sich wandeln, sich in ihrer wahren Natur zeigen, frei werden. Neue, einst verborgene, verfluchte, verzauberte Kräfte können sich entfalten.

Eine Art der Transformation ist auch der Tod. Die Figur, das Böse, das Monster, das Ungeheuer stirbt und befreit damit die innewohnende Kraft. Das Töten ist nicht das Abtöten – sondern ein tiefer Akt des Loslassens, der in die Freiheit führt. Der Tod ist Transformation. Sich-Häuten, vom Wasserwesen zum Landwesen werden oder ähnliche Bilder sind auch Metaphern der Transformation.

Dieser Prozess beinhaltet eine große Dynamik. Dynamik ist Bewegung. Denken Sie an die Muscheltänzerin, den Tanz von Changing Woman, einer Frau von unglaublicher Schönheit. Das Pubertätsritual für junge Navajomädchen. Das Lied in seinen vielen Wiederholungen erzählt von tiefer, transformierender Bewegung.

Die nächsten drei Übungen dienen als weitere Vorbereitung auf das Schreiben des Märchens. Wenn durch die Beschäftigung mit der Fragestellung in Ihnen schon die Märchenbilder aufsteigen, gehen Sie einfach gleich zu Übung »Erstes Märchenbild« weiter.

47
held und heldin
»Wenn ich in diesem Leben eine Heldin wäre, ein Held wäre …«

Was würden Sie tun? Wie sähe Ihr Leben heute in unserer Zeit aus? Was würden Sie vollbringen? Oder sein lassen?

Erzählen Sie ein bisschen. Lassen Sie Ihrer Phantasie die Zügel schießen.

48
unerwartete versöhnung
Nehmen Sie wieder zwei widersprüchliche Anteile in sich – also zum Beispiel eine leicht ärgerliche Seite und eine, die recht sanft ist. Es können neue sein oder die, von denen Sie schon in Übung »Zwei Seiten« geschrieben haben.

Entwickeln Sie aus diesen Anteilen je eine Figur oder ein Tier oder ein anderes Wesen. Diesmal begegnen sich die beiden. Lassen Sie ihre Widersprüchlichkeit aufeinanderprallen und irgendeine unerwartete Art von Versöhnung geschehen.

49
erstes märchenbild
Entspannen Sie sich. Lesen sie den Text aus Übung »Zentraler Konflikt« noch einmal. Und schreiben Sie diesen Text jetzt in der dritten Person. Einfach nur abschreiben und statt der ersten Person »ich« dritte Person »er/sie/es« einsetzen. Lesen Sie ihn noch einmal, am besten laut.

Lassen Sie nun für diesen Konflikt ein Märchenbild aufsteigen. Oder mehrere. Nehmen Sie sich Zeit für die Bilder, die langsam aus

Ihrer Seele in Ihr Tagesbewusstsein dringen. Denken Sie nicht so sehr darüber nach, sondern öffnen Sie Ihren Seelenraum und lauschen Sie.

Vielleicht nehmen Sie diese offene Fragestellung, machen einen langen Spaziergang oder einen feinen Mittagsschlaf und warten einfach auf ein Bild – ohne zu warten.

Wie könnte dieser Konflikt in einem Märchen aussehen?

Nach all diesen Vorübungen schreiten Sie jetzt zur Tat und verwandeln Ihr Leben in ein Märchen. Diese Verwandlung birgt die Möglichkeit, Ihr Handeln, die Geschehnisse und all die an Ihrem Leben beteiligten Personen ganz neu zu betrachten. Sie können zeigen, wie alles, was Ihnen bisher etwas chaotisch erschien, sich durch den leicht veränderten Blickwinkel in Vollkommenheit in das große Gewebe des Lebens einordnet. Sie können Ihre lebenslange Suche im Glück enden lassen. Sie können auf lange, schwere Zeiten einen stillen Zauber der Verwunschenheit legen und mit Ihrer ganzen verborgenen Kraft den Zauber lösen. Sie können den Helden, der in diesem Leben vierzehn Stunden am Tag arbeitet, frei lassen und ihn seiner wahren Bestimmung übergeben. Viele Möglichkeiten. Feiern Sie sie.

50
märchen

Nehmen Sie sich viel Zeit, Ihr Leben als Märchen zu schreiben. Natürlich werden Sie nicht Ihr ganzes Leben so schnell unterbringen, darum geht es nicht. Es geht darum, dass Sie sich trauen, *ein* Motiv Ihres Lebens herauszuarbeiten. Erlauben Sie sich die Verwandlung eines Lebensthemas in ein Bild, ein Symbol, eine märchenhafte, poetische Sprache. Kümmern Sie sich nicht um Konventionen, sondern vertrauen Sie auf Ihre inneren Bilder, die auftauchen, und haben Sie den Mut, ihnen zu folgen.

Folgen Sie dem Aufbau eines Märchens. Ihr Thema ist der Konflikt, erlauben Sie sich, die Heldin, den Helden auf die Suche und durch die Prüfung zu schicken. Das ist Ihr Lebensweg.

Und erlauben Sie sich die Erlösung. Suchen Sie sich Helfer und Helferinnen dafür. Erlauben Sie sich die Erlösung – nicht zu schnell, nicht zu früh, nicht zu leicht. Es muss auch in Ihnen Befreiung fühlbar sein. Das, was das Thema war, hat sich gewandelt zu Stärke, zu Glück, zu Offenheit und Freiheit – wie auch immer. Ein Märchen ist die Geschichte von Wandlung. Wie das Leben. Und wenn Sie sich mit dem herausgegriffenen Thema noch nicht erlöst fühlen, dann werfen Sie die Erlösung in die Zukunft. So könnte es gehen.

Sorgen Sie sich um nichts, springen Sie hinein, ohne darüber nachzudenken, »was die anderen denken könnten«.

Lassen Sie das Märchen in sich entstehen. Denken Sie nicht, sondern lassen Sie es in sich auftauchen und folgen Sie der Spur. Wenn Sie sich Raum geben, kommt es von alleine.

Und wenn Sie dann so weit sind, beginnen Sie zu schreiben.

Märchen

Heute, heute war es endlich so weit! Sie hatte diesen Tag herbeigesehnt. Nun begann sie sich zu fürchten.

Sie sollte verheiratet werden. Ihr Bräutigam soll ein reicher Mann sein, nicht mehr ganz jung, doch sein Palast, so hat Irina gehört, liegt auf einem Berg, direkt über dem See, und in mondhellen Nächten sieht man bis auf den Grund. Die Menschen befragen ihn gleich einem Orakel.
Manches Mal gibt er Antwort. Meist in Form eines Rätsels.

Der zukünftige Bräutigam soll den See zu Füßen seines Palastes nach seiner zukünftigen Braut befragt haben. Er war allein, hatte zur Zeit seiner Jugendjahre keine Frau gefunden. Er lebte immer schon sehr zurückgezogen.

Das Mädchen, Irina hatten ihre Eltern sie bei ihrer Geburt genannt, wusste nicht genau, wie es dazu gekommen war – aber eines Tages wurde sie von ihrem Vater beim Nachtmahl feierlich darauf vorbereitet, dass sie verheiratet werden solle.
Irina war neunzehn Jahre alt, und der Vater sagte, es sei alles besprochen und es sei ja auch an der Zeit, und es werde ihr gutgehen bei dem Mann auf dem Berg über dem See.
Da Irina gewohnt war zu tun, was ihr Vater von ihr forderte, war es für sie selbstverständlich, sich zu fügen.

Sie hatte sich die Hochzeit und vor allem ihr späteres Leben in allen Einzelheiten ausgemalt.
Wie ihr Vater würde ihr künftiger Ehemann schon wissen, was für sie gut sei, was erlaubt und was der Anstand verböte.
Doch seit heute Morgen war Irina beunruhigt. Ein Traum hatte sie nach kurzem Schlaf, in den sie trotz großer Aufregung gefallen war, aufschrecken lassen.
Im Traum stand Irina hinter dem Mann auf dem Berg, als die Mondsichel am Nachthimmel sichtbar wurde.
Diese erhellte einen kleinen Bereich am Rand des Sees. Der Schein fiel auf ein Gesicht, das ihr vertraut war, als sie ein kleines Mädchen war. Ihre Mutter? Die war doch schon lange gestorben.
»Geh in die Küche! Du wirst finden, was du brauchst. Er wird dann schlafen. Schau auf den Grund des Sees. Dort wirst du erkennen.«
Irinas Stimme versagte, als sie nach der Mutter rufen wollte. Ihr eigenes Rufen beendete den Traum.

Jetzt stand die Erinnerung vor ihr als Teil ihrer Wirklichkeit Es drängte sie zu verstehen. Sie spürte den Druck der Zeit, die ihr noch blieb. Welche Folgen würde die Verheiratung mit dem Mann auf dem Berg für sie haben? Hatte sie überhaupt noch eine Chance? Welche Alternative blieb ihr? Sollte sie weiterhin bei ihrem Vater leben? Immer wieder hatte er sie mit ihrer Mutter verglichen. Sie war ihr so ähnlich und zugleich ganz anders.

Als sie klein war, schrie er sie häufig an. Jede Frage von ihr verunsicherte ihn. Er fühlte sich hilflos.

Irina versuchte, so gut sie konnte, ihrem Vater keinen Kummer zu machen, ihm möglichst keinen Anlass zu einem Ärgernis zu geben. Am liebsten hätte sie aufgehört zu atmen, solange sie während der Mahlzeiten neben ihm saß, um ihn ja nicht zu stören. Wenn er sich nur räusperte, dies tat er häufig, zuckte sie zusammen, duckte sich, bis ihre Schultern auf einer Höhe mit der Tischkante waren. Ihre Beine schlangen sich um die Stuhlbeine.

Dies ließ den Vater noch wütender werden. »Setz dich ordentlich hin!«, schrie er.

Ihr Atem stockte. Sie rutschte auf dem Stuhl zurück, hielt den Blick weiterhin gesenkt.

»Mama!« Warum war Mama einfach nicht mehr da? Irina spürte die Leere in ihrem Bauch wie ein riesiges Loch, das sie verschlingen könnte.

Eher würde sie sich die Zunge abbeißen, als ihrem Vater ein Wort davon zu sagen.

All das tauchte jetzt wieder auf mit dem Bild des Traumes aus den frühen Morgenstunden.

»Geh in die Küche. Dort wirst du finden, was du brauchst. Er wird schlafen.

Schau auf den Grund des Sees. Dort wirst du erkennen.«

Irina spürte die Zeit im Nacken, sah sich als Braut. Den Vater konnte sie kaum noch ertragen. Die Hochzeit stand vor der Tür, Gäste waren geladen.

Was wurde von ihr erwartet?

Da wuchs die Angst. »Durchhalten!«, sagte sie sich, um sich selbst zu beruhigen.

Wie gedrängt schleppte sie sich in die Küche, stolperte und fiel, fiel in eine Ohnmacht, die sie wie eine Ewigkeit aufzufangen schien.

Sie wusste nicht, wie lange sie geschlafen hatte. Später war ihr, als sei sie von einer langen Reise zurückgekommen.

Ihre Großmutter war ihr dort begegnet, die, die von den Zigeunern abstammte und später, als sie Großvater kennengelernt hatte, sesshaft geworden war.

Sie verstand es noch, die Zeichen am Himmel zu deuten, die sich in sternklaren Nächten in der Tiefe des Sees spiegelten.

»Meine Kleine« – »Niña« nannte sie Irina liebevoll in der Zeit, als sie bereits alt und krank war, der Tod sie bald danach abgeholt hatte, um sie in ein anderes Universum zu tragen.

»Niña« und sie hatte Irinas Hände in ihre genommen. »Niña Kind, was du außen findest, findest du ebenso in dir. Sieh nach innen, wenn du Rat brauchst, den Weg weist dir der Wind. Er heißt dann Atem. Du wirst mich jetzt nicht verstehen, aber später wirst du dich erinnern.

Der Atem ist die Religion, erzählen die Zigeuner, seit wir uns erinnern. Er bindet dich an deinen Ursprung.«

Die Stimme der Großmutter wurde brüchig. Sie drückte Irinas Hände einen langen Augenblick, so, dass es beinahe schmerzte. Irina sah ihre Tränen, als sie ihr einen Kuss wie ein Siegel auf die Stirn drückte, ihr einen liebevollen Klaps auf den Po gab und sagte: »So, und auf geht's zum Spielen« – wobei sie zum Garten deutete.

Jetzt während Irinas Ohnmacht war Großmutter noch einmal aufgetaucht. Sie war nicht mehr alt, auch nicht jung, Irina durfte sie unter keinen Umständen berühren. Sie stand ihr gegenüber am Ufer des Sees, der in ihrem Inneren auftauchte.

»Niña« – Irina glaubte ihren Ohren nicht zu trauen. Nie mehr hatte sie jemand so genannt. »Niña« – sagte die Großmutter zu Irina mit liebevoller Stimme, die ihr Herz beinahe flattern ließ und sich zugleich als Ruhe in ihr ausbreitete. «Niña, schau auf den Grund, dort wirst du finden.«

Irina war Niña, fühlte ihren Atem schnell und heftig, die Wände ihres Leibes, als wollten sie zerspringen. Sie spürte die Kraft ihres Herzschlags, ihr »Ja«.

Sie spürte den See in ihrem Innern, das Ufer, und ihr war, als springe sie hinein. Das Wasser wärmte sie und das Gesicht der Großmutter hütete vom Ufer aus den Spiegel des Sees.

Da tauchte noch ein anderes Bild auf, das sie in eine mögliche künftige Zeit schauen ließ: Ein offener Wagen, ein Gefährt, wie sie es noch nie gesehen hatte – ohne Pferde, das scheinbar aus eigener Kraft fuhr. Irina hielt die Zügel und steuerte den Wagen. Ein Mann saß dicht neben ihr, dicht gedrängt zur Hälfte auf ihr, obwohl daneben noch reichlich Platz war.

Ein Loch am Rand des Weges zwang sie, zum Ausweichen auf die andere Seite des Weges zu wechseln.

Als der Mann die Hüter der Ordnung erblickte, die diese Stelle bewachten, ergriff er die Zügel und verdrängte Irina mit seinem Gewicht fast vom Platz. Irina schoss es wie ein Blitz ins Bewusstsein: Sie war nicht unbeteiligt an der Situation, hatte nicht zu verhindern gewusst, dass ihr Mann sich auf ihrem Platz ausbreitete, dabei war, ihr sogar die Zügel aus der Hand zu nehmen, um zur Flucht anzutreiben.

Nun war der Moment gekommen, wo es ihr weniger schlimm war, ihr eigenes Fehlverhalten einzugestehen, als sich von ihrem Platz verdrängen zu lassen. So gelang es ihr nach einigem Ringen, das Gefährt auf der rechten Seite des Weges zum Stehen zu bringen.

Da erwachte sie auf dem Boden in der Küche im Haus ihres Vaters. Da waren besorgte Gesichter, Stimmen in Aufregung, Fetzen von Wörtern:

»Die Braut«, »das Fest auf später verschieben« – dann folgte ein tiefer Schlaf.

Am nächsten Morgen machte sich Irina früh auf den Weg. Ihren Vater hatte sie zuvor nicht eingeweiht.

Sie trug ein Gewand, von dem man vermuten könnte, es sei das Gewand einer Zigeunerin. Die Großmutter hatte es am Ufer des Sees abgelegt, bevor sie für immer verschwand.

Irina stieg die vielen Stufen zum Haus auf den Berg hinauf, um den Mann selbst zu wählen, der ihr möglicherweise eines Tages sein Herz öffnen würde. Damit folgte sie einer Stimme, wie Frauen es zu dieser Zeit nur selten wagten.

Später, so wird erzählt, viel später, als Irinas Kinder bereits selbst Kinder hatten, vermittelte sie vielen Menschen die Botschaft vom See, der in ihrem Inneren darauf wartete, befragt zu werden. Sie fand dafür eine ihr gemäße Sprache, die Menschen unabhängig von ihrem Alter und ihrer Herkunft verstehen konnten.

Und es gab einen Mann, den sie liebte, der ihre Liebe erwiderte und der ihr mit Achtung und Wertschätzung begegnete.

Irina wurde über die Grenzen ihres Landes hinaus bekannt. Den Namen »Niña«, wie ihre Großmutter sie zärtlich genannt hatte, hütete sie in ihrem Herzen, die Lebensgesetze der Ahnen achtend.

Ruth Neureiter

der raum weitet sich

vergessen, vergessen

Es gibt keinen Shakespeare; es gibt keinen Beethoven;
es gibt gewiss und ganz bestimmt keinen Gott; wir sind die Wörter;
wir sind die Musik; wir sind das Ding an sich.

VIRGINIA WOOLF[38]

Auf immer tieferen Ebenen verlassen wir unsere Geschichte. Verlassen unsere Persönlichkeit und tauchen ein in unsere wahre Natur. Es geschieht leise, fast unmerklich bei den einen, heftiger bei anderen – das spielt keine Rolle. Wir nähern uns dem, was wir schon immer waren, oder besser – leise verweht der Morgenwind den Schleier, der sich davorgelegt hatte. Die Amsel singt morgens, noch bevor das Licht aus der Nacht heraustritt. Woher weiß sie vom kommenden Tag?

Aus mehr oder weniger festem Stoff sind unsere Schleier, die wir Konditionierungen nennen. Sie begrenzen unseren Lebensradius innerhalb fester Formen, Gewohnheiten und alter Strukturen. Es ist wie auf einer Wippschaukel – ein Impuls von außen fällt auf die eine Seite, und zack, sofort fliegt eine automatische Reaktion auf der anderen Seite in die Luft.

Der Automatismus schiebt sich über ein offenes, waches Erleben dessen, was jetzt gerade ist. Alle Selbstbeschreibungen (ich bin immer …) oder Definitionen von anderen (er ist immer ….) ziehen den Schleier zu. Verdunklungsgefahr.

Um hinter den Schleier zu huschen, braucht es das Halten der inneren Ausrichtung auf den Raum dahinter – unser Innerstes, das Namenlose, die unendliche Weite. Das ist das, was in den traditionellen spirituellen Wegen geübt wird.

Tief in der Präsenz zu sein ist eine weitere Möglichkeit. Jeden Augenblick mit großem, offenem Staunen aufnehmen. In meiner Ausbildung zur Dialogbegleiterin begegnete mir das Bild von Dana Zohar, der Quantenphysikerin: Stellen Sie sich vor, durch Ihre Straße läuft plötzlich ein rosa Elefant. In welchen Zustand versetzt Sie das? Kein vorhandenes Gedankenmuster kann einrasten. Im ersten Moment vielleicht noch:

Elefant – Wanderzirkus. Er ist aber rosa – es gibt keine rosa Elefanten. So entsteht ein Moment völliger Offenheit, Urteilslosigkeit, glitzernder Wachheit und des Staunens. Das ist unser natürlicher Zustand.

Eine für mich in diesem Zusammenhang sehr hilfreiche Arbeit ist die von Byron Katie[39]. In den meisten traditionellen spirituellen Wegen geht es darum, die Gedanken zu beruhigen, sie wie eine Wolke durchziehen zu lassen, sie zu versenken, den Fokus auf das Dahinterliegende zu richten – wie auch immer. Byron Katie geht einen anderen Weg, sie entkoppelt die Gedanken von ihrer Bedeutung. Denken Sie an das Eingangsbeispiel unseres Tisches – wie viele verschiedene Tische sind vorstellbar! Byron Katies Arbeit löst Bilder und Bedeutungen vom Gedanken, so dass dieser kommen und gehen kann, wie er will, ohne uns zu beeinflussen. Also ist das Wippschaukelprinzip aufgelöst.

Sie tut das auf sehr einfache, radikale Weise. Sie fragt zunächst, ob der Gedanke wahr ist. Da kommt man schon ins Grübeln, die erste Lockerung von Gedanke und Bedeutung geschieht. Dann wird diese erste Frage vertieft: Kannst du *absolut* sicher sein, dass der Gedanke wahr ist. Damit verweist sie in der Frage auf die absolute Ebene: Und wo bin ich da? Schon ist der Gedanke erst einmal abgelöst.

Dann geht sie gleichsam zurück und fragt nach den Gefühlen und Reaktionen, wenn man diesen Gedanken denkt. Das ist genial – sie fragt nicht nach den Gefühlen bei dem *Geschehen*, also wenn mein Mann mich immer …, sondern wenn ich den *Gedanken* denke, dass mein Mann mich immer …. Damit stehe ich in absoluter Selbstverantwortung für mein Leben. Also weitere Befreiung. Die vierte Frage ist dann konsequent: wie man sich fühlt und reagiert, wenn man diesen Gedanken nicht denkt. Meistens ziemlich befreit. Die Entkoppelung hat also auf allen Ebenen stattgefunden. Und um das abschließend in eine gelungene Lebenspraxis zu bringen und die Große Dimension erlebbar zu machen, wird der Gedanke zuletzt umgedreht. Also das, was ich anderen zuschreibe, gelangt in meine eigene Verantwortung oder wird auf einer viel tieferen Ebene sichtbar. Wer sich genauer mit dieser Arbeit beschäftigen möchte, kann in Byron Katies Buch eine gute Anleitung finden. Auf www.youtube.com

sind auch viele Videos, um ihre Arbeit zu den unterschiedlichsten Themen kennenzulernen.

Auch andere zeitgenössische Lehrer, wie Eckhart Tolle[40] oder Denis Genpo Roshi mit seinem Big Mind[41], zeigen uns Wege, die nicht mehr von alten Traditionen überfrachtet sind, sondern die uns da abholen, wo wir als Menschen heute stehen.

In all diesen Ansätzen, von den traditionellen Pfaden bis zu diesen neuen Impulsen, geht es um dasselbe – und dafür gibt es tausend Sprachen, die sich letztlich alle bei genauerer Betrachtung als ungenügend erweisen: in unserer dualen Welt, der Welt der Form und Erscheinungen, uns selbst eingeschlossen, das zu sehen, zu sein, was sie eigentlich ist – reines Bewusstsein, unendliche Weite, namenlose Liebe. Der Worte gibt es viele, und keines kann ES fassen. Aber eigentlich ist es ganz einfach. Es ist das, was ist.

Im Schreiben möchte ich es auch einfach machen. Wenn wir zum Bild der Wippschaukel zurückgehen, dann ist das Erste, was wir »tun« können, zu verlangsamen. *Verlangsamung* kann den Boden bereiten, diese sofortige Reaktion aus der Konditionierung heraus erst einmal zu durchbrechen. So ist Raum geschaffen für die Gegenwart.

51
schreiben und warten
Schreiben Sie einen Satz. Schließen Sie die Augen. Entspannen Sie sich. Warten Sie. Warten Sie so lange, bis sich der nächste Satz einfindet. Haben Sie den Mut, wirklich so lange zu warten.

Schließen Sie dann wieder die Augen, um auf den nächsten Satz zu warten.[42]

Die Konditionierungen spiegeln sich natürlich auch in unserer Sprache. Manchmal hilft es, auch die Sprache aufzubrechen. In den nächsten drei Übungen geht es um das Öffnen unserer vertrauten Syntax, denn die vertraute Syntax ist an unser Konditioniertsein gebunden. So bringen wir Bewegung hinein. In beides.

52
alles ist offen

Suchen Sie sich irgendwelche Sätze aus einem Text. Vielleicht einen aus der heutigen Tageszeitung, einen aus dem Buch, das Sie gerade lesen, und einen aus der letzten Reklamesendung. Was griffbereit ist. Schreiben Sie diese Sätze oben auf Ihr Blatt.

Dann stellen Sie sich vor, jedes Wort ist ein völlig separater Spielstein ... Setzen Sie jetzt die Steine in beliebiger Reihenfolge aufs Papier. Alle Steine sind gleichwertig, auch wenn sie verschiedene Farben haben. Manche dürfen auch mehrmals vorkommen. Jetzt lesen Sie den Text.

Dann greifen Sie in eine andere Abteilung Ihrer Spielesammlung – lauter Steinchen, die Satzzeichen sind: Kommata, Punkte, Strichpunkte, Ausrufezeichen, Fragezeichen, Gedankenstriche – und setzen die Steine leicht und spielerisch zwischen die anderen.

Lesen Sie Ihren Text in neuer Betonung.

53
neue verbindungen

Falten Sie ein Blatt der Länge nach. Schreiben Sie links eine Liste von zehn Substantiven, die Ihnen gerade einfallen. Völlig beliebig.

Dann wenden Sie das Blatt auf die rechte Spalte. Denken Sie sich irgendeinen Beruf aus: Hotelier, Pilotin, Vater, spirituelle Lehrerin, Schneider ...

Und schreiben Sie zehn bis zwanzig Verben auf, die die Tätigkeit dieses Berufs ausdrücken. Also beim Schneider: nähen, schneiden, messen, einfädeln, mit Kreide zeichnen, usw. ...

Entfalten Sie nun das Blatt. Schreiben Sie einen Text, indem Sie die Verben mit den Substantiven verbinden und so neue, ungewöhnliche, erfrischende Verknüpfungen entstehen. (Wenn Sie eine

Geschichte erzählen, verwenden Sie dabei bitte nicht als Hauptperson jenen Berufstätigen, denn diese Verben gehören ja zu diesem Beruf. So entstehen keine neuen Verbindungen.)[43]

54

noch eine ungewohnte verknüpfung

Nehmen Sie eine Bibel aus dem Bücherschrank. Wenn es in Ihrem Haus keine Bibel gibt, nehmen Sie ein anderes Weisheitsbuch.

Gehen Sie in die Stille. Halten Sie dabei das Buch in Ihren Händen. Nach einer Weile schlagen Sie es an einer Stelle auf und schreiben ein Wort oder einen halben Satz (keinen ganzen Satz!) heraus. Was Ihnen gerade in die Augen fällt. Machen Sie das ein paar Mal.

Nach einer Weile beenden Sie das Aufblättern und Sammeln. Bleiben Sie in der Stille und betrachten Sie das, was Sie geschrieben haben. Lassen Sie daraus einen Text entstehen.

Es geht nicht darum, dass Sie alle Elemente verwenden. Lassen Sie sich einfach von dieser alten Seelensprache zu einem Text Ihres Heute inspirieren.

In den letzten Übungen ging es darum, uns über Auflösung der Form aus sprachlichen Konditionierungen zu lösen. Es gibt auch den umgekehrten Weg – sich sehr genau *in* eine Form zu geben. Im Spirituellen ist das die Disziplin in der Praxis.

Eine einfache, alte Form aus unserem Kulturraum ist das Sonett. Es besteht aus vierzehn Zeilen, aus zwei Strophen von vier Zeilen und zwei Strophen von drei Zeilen. Das Sonett kommt mit nur wenigen Reimen aus:

a-b-b-a

a-b-b-a

c-d-c

d-c-d

Das ist die klassische Form des Sonetts. Aber kaum ein Dichter hat nicht auch damit gespielt, vor allem die späteren. Also nehmen Sie die Form, halten Sie sich daran und spielen Sie mit ihr.

55
sonett
Schreiben Sie ein Sonett.

Sonett an den Winter

Winter zeigt sein Angesicht
Breitet aus sein Schweigen
Weißer, weißer Reigen
Nur von fern ein gelbes Licht

Wärme, die das Schweigen bricht
Lass sie sich mir zeigen
Lass sie sich verneigen
Scheue weiße Äste nicht

Lass die Kälte beben
Innerlich hab acht, hab acht
Bald kommt neues Leben

Ein neuer Stern erwacht
Den weißen Schatten vergeben
Und alles wird sanft, ganz sacht, ganz sacht

Brigitte Ziegler

Es gelingt immer mehr von alleine, in der Präsenz zu sein, wenn sich die Gummibänder an unsere Vergangenheit und Zukunft Stück für Stück lösen. Auch da gibt es natürlich kein Fertigwerden, es bleibt ein lebenslanger Prozess. Und doch ist In-der-Gegenwart-Sein keine anstrengende Übung, sondern das Natürlichste der Welt, unser natürlicher Zustand. Die Tiere leben so, die Pflanzen und wache Menschen aller Völker und Erdteile.

Das Schreiben birgt in seiner Heilkraft noch ein – nur auf den ersten Blick – erstaunliches Geheimnis. In der Literatur wird es *poetic justice* genannt. Die Poesie hat die Kraft, unsere inneren Bilder aus den festen Ankettungen zu lösen und in den freien Flug des Falken, in die Essenz des Weines, in blühende Rosenfelder zu wandeln. In etwas, das wir dahinterliegend schon immer waren. Die Poesie lässt uns erkennen, was *eigentlich* geschah.

Geschah etwas?

Oft gehen wir davon aus, dass wir Geschichten aus unserer Vergangenheit so schreiben müssen, wie sie »wirklich« waren. Was wissen wir, wie sie »wirklich« waren? Dieselbe Geschichte aus dem Blickwinkel eines anderen sah ganz anders aus. Welche Wirklichkeit? Und dann – es ist Vergangenheit – ist Vergangenheit wirklich?

Wenn Sie eine Erinnerung von Ihrem Speicherort im Gehirn abrufen, öffnen Sie automatisch zum »Ändern«, also auf dieselbe Art und Weise, in der Sie eine Text-Datei in Ihrem Computer öffnen. So viel wissen wir heute. Es ist Ihnen vielleicht nicht bewusst, dass Ihre aktuelle Stimmung und die Umgebung, in der Sie sich befinden, einen Einfluss auf die emotionale Tönung Ihrer Erinnerungen und auf die Deutung von Ereignissen haben können. Sie können sich sogar auf Ihre Ansicht darüber auswirken, welche Ereignisse tatsächlich stattgefunden haben. Wenn Sie diese Erinnerung aber erneut »sichern« und an ihren Speicherort zurückstellen, kann es passieren, dass Sie sie dabei versehentlich ändern.

BRUCE PERRY, Hirnforscher[44]

Mit unseren alten Vorstellungen von Wirklichkeit bestätigen wir uns immer wieder in unserem Leid, in unserer ach so schrecklichen Kindheit, in all diesen festgefahren Bildern über uns in dieser scheinbar grausamen Welt, in unserem Getrenntsein von der Quelle des Lebens.

Poetic justice, die poetische Gerechtigkeit, setzt ein höheres Prinzip über jene so fragwürdige Wirklichkeit. Ein Beispiel dafür gibt es bei Tanja Blixen. In ihrem Buch *Afrika, dunkel lockende Welt*, bei uns bekannt unter dem Titel *Jenseits von Afrika*, schenkt sie einem alten Freund, der sich zu Fuß von Kenia nach Tansania aufmacht, zum Abschied eine Flasche Französischen Rotwein. Ich glaube, der Mann hatte Dreck am Stecken und wollte auch den Folgen dessen entkommen. So musste er zu Fuß gehen und konnte keine offiziellen Wege benutzen. Stellen Sie sich das Bild vor: die Hitze Afrikas, der wunderbare Blumengarten, in dem die Verabschiedung stattfindet, der Mann – mit dem sie nicht immer unbedingt Freund war, man weiß nicht, ob man sich wiedersieht; wenn ich mich recht entsinne, war Tanja Blixen auch nicht unbedingt scharf darauf – macht sich zu Fuß auf, um durch die weite Steppe über die Grenze zu laufen, und sein Proviant ist eine Flasche bester französischer Rotwein. Denken Sie an die ganze, bis in biblische Zeiten reichende Symbolik des Weins. Edler Rotwein mitten in Kenia, stellen Sie sich nur einmal die Mühen der damaligen Transportwege vor – das ist ihr Abschiedsgeschenk. Poetischer kann man es nicht sagen.

Inzwischen haben die unerbittlichen Forscher herausgefunden, dass es kein edler Rotwein, sondern eine profane Flasche Bier gewesen sein soll. In Wirklichkeit. In welcher Wirklichkeit?

Hatte Tanja Blixen den Impuls und wurde dann doch von ihrem Geiz überwältigt, weil sie diesen Mann nicht so besonders mochte? Wollte sie im Schreiben etwas gutmachen von dem, was vielleicht in ihrem Verhalten ihm gegenüber nicht fair war? Wollte sie die Situation seiner Steppendurchquerung noch deutlicher, symbolhafter machen durch das Bild des Weins? Wollte sie, angesichts der Gefährlichkeit dieses Marsches, dem innewohnenden Geistigen des Menschen Ausdruck geben? Wir wissen es nicht. Aber was ist wirklich? War vielleicht ihr erster Impuls – der Rotwein – wirklicher als alle anderen Motive? Was ist wirklich?

Das ist ein spannender Punkt. Mit einer weiten, kraftvollen Perspektive. Denn was wissen wir? Oft sind unsere Erinnerungen vom magischen Denken des Kindes so überlagert, dass sie zum Beispiel mit der Wirklichkeit der beteiligten Erwachsenen überhaupt nicht übereinstimmen. Viele Kinder haben noch lange eine Wahrnehmung für das Hinter-den-Dingen-Liegende, für die Welt, aus der sie eben kamen, erfahren aber von den Erwachsenen massive Umdefinitionen dieses Erlebens, nur weil diese Bewusstseinsebene für die Erwachsenen nicht wahrnehmbar ist. Welche dieser Wirklichkeiten ist nun wirklich?

Ein Beispiel für den umgekehrten Vorgang erlebte ich in einer Schreibwerkstatt, als eine Teilnehmerin plötzlich einen grundlegend neuen Ort einnahm, um auf ihr Leben zu schauen – sie setzte, in poetischer Gerechtigkeit, einen guten Stern über ihr gesamtes Leben:

> Ein guter Stern stand am Himmel, als ich in einer eiskalten Nacht im Januar 1941 geboren wurde. Im Laufe der folgenden sechs Jahrzehnte durfte ich immer deutlicher erfahren, dass Gott von Anfang an Seine Hand auf mich gelegt hatte. In der Taufe wurde ich Ihm geweiht, und mein Name »Renate« bedeutet »die Wiedergeborene«. Ich war gesund und kräftig. Da meine leibliche Mutter mich nicht aufziehen konnte, waren Pflegerinnen in einem Kinderheim für mich da, bis ich mit etwa drei Jahren zu zwei Schwestern ins Haus kam. Eine von ihnen sehnte sich danach, Kinder zu betreuen, sie nannte ich Mutti; die andere, die ins Büro ging, Tante Hede. Meine Kleinkinderzeit verlief in der ruhigen Ordnung ihres Haushaltes, einer Neubauwohnung mit zweieinhalb Zimmern, Küche und Balkon. Hier wurde auch der Vater der beiden Damen betreut, der nun mein Opa war.
> Es war Kriegszeit und es kam oft vor, dass wir in der Nacht schnell aufstehen, uns anziehen und in den Luftschutzkeller unter unserer Wohnung gehen mussten. Mehrere Mieter, die mich mit meinem Köfferchen und Püppchen im Arm sahen, waren sehr nett zu mir,

und ich hatte keine Angst. Es waren Stühle und ein paar Liegen im Keller. Meine Mutter bedeutete mir, mit dem Plappern aufzuhören, und beugte sich tief, wenn die Bomben um unser Haus pfiffen und donnernd und krachend einschlugen. Unser Haus blieb stehen. Nur eine Wand stürzte beim letzten Luftangriff ein und riss den großen Schlafzimmerschrank um, so dass die Marmeladengläser, die obenauf standen, in die Betten kippten und zum Teil zerbrachen.

Renate Esser

Was hindert uns daran, leise, an einem zarten Faden ein paar Bilder mit unseren Worten in eine etwas andere Richtung zu ziehen, so dass sich die daran hängenden Gefühle öffnen können für den unendlichen Strom des Lebens. *Jetzt* ist es sowieso nicht. Nur noch in unseren Gedanken. Und die an das Geschehen der Vergangenheit klebenden Gedanken und Gefühle sind lösbar.

Was geschieht in unserem Inneren, wenn wir einem Moment unseres Lebens eine kleine Wendung geben, die sich unendlich erlösend anfühlt? Wenn wir auf das Dahinterliegende schauen, nicht nur auf das äußere Geschehen? Was ist nun wirklich – die Erinnerung an die Vergangenheit oder das gegenwärtige Empfinden des Erlöstseins?

Bringen Sie endlich, endlich poetische Gerechtigkeit in Ihre Geschichte.

56
poetic justice
Nehmen Sie eine Erfahrung Ihres Lebens, gleichgültig, ob Sie schon über diese geschrieben haben oder noch nicht. Beginnen Sie langsam zu schreiben. Und lassen Sie die Geschichte sich aus sich selbst heraus fein und leise wandeln.

Es geht nicht darum, dass Sie künstlich Ihre Geschichte umschreiben. Manchmal ist es eine kleine Nuance, die vielleicht in der Luft lag, wie es auch hätte geschehen können.

Oder Sie betrachten das Geschehene mit völlig neuen Augen, aus einem ganz anderen, tieferen Blickwinkel. Oder eine alte Sehnsucht in Ihnen erfüllte sich schon damals, nur hatten Sie es nicht wahrgenommen, oder es geschah ganz anders, als Sie es damals sehen konnten. Oder Sie bringen eine Handlung zu Ende, die in Ihnen angelegt war, aber im äußeren Geschehen nicht umgesetzt wurde.

Sie hören Worte, die nie zu Ihnen gesagt wurden, die aber im ewigen Kreislauf des Lebens immer da sind.

Oder Sie sehen von heute aus das Geheimnis, das hinter all dem lag, was geschah.

Ein kostbares Leben

Nachts
als ich nicht schlafen konnte
zog es vorüber.
All die Versuche.
Es blieb einfach nur kostbar.
Jeder Augenblick.
Seltsam.
Nichts war verschwendet.
Trotz all meiner Verschwendung.
Seltsam.
Das Kostbare
ganz unversehrt.

Sich im Irdischen zu üben hört offensichtlich nie auf. Seltsam, wie es immer mehr nach Himmelsübung schmeckt. Wie das eine das andere ist.

Gestern übte ich Tango. Oder besser, der Tango übte sich für einen leisen Eingangsschritt in meinen Körper. Der flattert heute etwas in seiner ersten Ahnung. Gott liebt Tango, las ich am Abend in der Süddeutschen. Diese Synchronizitäten. Was liebt Gott nicht.

Es regnet kühl in den großen Sommer. Die Glyzinien an meinem Balkon räkeln sich in ihrer Erfrischung, leicht, im Atemmaß des Windes. Ich geh nach draußen und schlinge diese freien, wankenden Wedel um das metallene Gitter. Sie mögen es, wenn sie sich um etwas winden können. Ganz eindeutig, ihre ganze Rankensprache ruft sehnsuchtsvoll danach.

Das Sagbare ist sehr begrenzt.

*

Nachdem Krishnamurti, der große indische Philosoph und spirituelle Lehrer, über fünfzig Jahre die Welt bereist und Vorträge gehalten hat, um mit Worten das zu vermitteln, was mit Worten nicht zu erfassen ist, überraschte er gegen Ende seines Lebens die Zuhörer seines Vortrags mit der Frage, ob sie sein Geheimnis wissen wollten. Natürlich wurden alle hellwach und lauschten mit gespitzten Ohren. Viele seiner Schüler hörten schon seit zwanzig oder dreißig Jahren seine Vorträge, ohne den Kern seiner Lehre je begriffen zu haben. Jetzt sollte sich das Geheimnis lüften! Krishnamurti sagte nur: »Ich habe nichts gegen das, was geschieht.«

Mehr nicht.

57

was geschah

Diese Übung ist ein steter Prozess. Wiederholen Sie sie in der nächsten Zeit wieder und wieder. Oder später, wenn Ihnen Erinnerungen kommen, die Sie im Moment nicht zur Verfügung haben.

Vergessen Sie nicht – diese Übung ist ein Prozess. Sie begeben sich heute so weit hinein, wie es Ihnen möglich ist. Sie hadern nicht mit dem, was Ihnen heute, jetzt möglich ist. Es ist, wie es ist.

Entspannen Sie sich tief. Nehmen Sie Ihren Atem wahr, ohne einzugreifen. Versenken Sie sich in Ihr Inneres. Entspannen Sie sich tiefer und tiefer. Versenken Sie sich in Ihr Innerstes.

Schauen Sie auf Ihr bisheriges Leben zurück. Ihre Kindheit, Ihr Erwachsenenleben. Durchstreifen Sie es innerlich Station für Station. Ohne den Anschluss an das tiefe Sein zu verlieren.

Beginnen Sie zu schreiben, ohne den Anschluss an Ihr tiefes Sein zu verlieren. Schreiben Sie einen Brief an Ihr Leben (oder lassen Sie sich von einer anderen Form finden).

Beginnen Sie mit: *Ich habe nichts gegen das, was geschah.*

»Ich habe es doch auch für dich getan«, sagst du. »Was?«, frage ich. »Dass du mich verlassen hast? Dass du mit Margret zusammengezogen bist?«

»Das nicht!«, wirfst du ein, und dieses »Das nicht!« ist das Einzige, was ich in dem Moment von dem, was du sagst, akzeptieren kann. Ich finde, du hast nicht das Recht, dich so billig aus der Affäre zu ziehen. Du hast ein schlechtes Gewissen, das ist es doch.

Warum bist du nicht ehrlich und sagst: »Ich habe es für mich getan. Für mich allein! Weil ich leben wollte. Weil ich es nicht mehr aushalten konnte. Deine Depressionen. Deine Panikattacken. Dein ständiges Klammern und meine eigene Hilflosigkeit.«

Wir beide – das war schrecklich, ja. Und doch: Du hattest nicht das Recht dazu, das zu sagen. Mir meinen Satz zu stehlen, den ich dir gerne gesagt hätte: »Im Grunde hast du es auch für mich getan.«

Johanna Bauer

Wenn Sie wollen, wenn die Sehnsucht in Ihnen groß genug ist, können Sie jetzt die Klinge Ihres Schwertes schärfen.

Letztlich bleibt uns, wenn wir konsequent sind, gar keine Identität, und das ist im ersten Moment nicht sehr nett, sondern der größte Abgrund, in den wir blicken können. Nicht umsonst spricht man in manchen traditionellen Pfaden vom Tod des kleinen Ichs. Auch wenn wir heute wissen oder meinen zu wissen, dass wir das Ich für unser alltägliches Leben brauchen und es nicht um einen Abtötungsprozess, sondern eher um ein immer weiteres Loslösen der Identifikation mit dem Ich geht, damit wir es eines Tages – warum nicht jetzt? – an die Leine nehmen können. Das kann sanft geschehen, und doch ist es der größte innere »Umbruch«, den wir erfahren können. Ganz viel von dem, was in unserer Zeit unter »Spiritualität« verstanden wird, hat nichts, aber auch gar nichts mit der Wucht dessen zu tun, was geschieht, wenn das Ich aus seiner alten Identifikation fällt und etwas unendlich viel Größeres in uns beginnt, ICH zu sagen.

Alles, was wir über uns erzählen, dass wir dieses sind – ein lustiger Mensch, fleißig, erfolgreich, im früheren Leben Königin von Saba – oder jenes – deprimiert, besonders erleuchteter Träumer, fortgeschritten –, ist Kraftfutter für die äußerst raffinierte Egoidentifikation. Es taucht die Frage auf, wer oder was wir sind, wenn wir das alles nicht sind.

58

wann, wenn nicht jetzt

Überprüfen Sie einmal für sich, nur für sich, ob Sie diese Neigung in sich kennen, es nett haben zu wollen, oder gar nicht so unglücklich sind mit Ihrem Leiden, weil Sie es ja gewohnt sind.

Oder gibt es in Ihnen ein tiefes sehnsuchtsvolles Verlangen nach der Wahrheit, nach Gott, nach der letzten Wirklichkeit – wie auch immer Sie ES nennen?

Ewiges Heimweh?

Wenn da etwas in Ihnen ist, auch wenn es nur ein Fünkchen Sehnsucht ist, schreiben Sie Ihr schönstes, poetischstes, verzaubertstes, feinstes, innigstes, sehnsuchtsvollstes, weitestes, tiefstes Gedicht aller Zeiten.

Wann, wenn nicht jetzt?

Ich kenne selbst die Neigung, immer wieder in Gewohnheiten zu fallen; so teile ich mit Ihnen all diese Fragen in aller Demut. Nicht dass ich immer in der Süße des Nichts, dem Himmel der Leere, dem ewigen großen Geliebten, der Großen Stille des Lebens, der glänzenden Freiheit des Kosmos hinter dem Kosmos weilte – oh nein; es gäbe übrigens auch kein Ich, das so sprechen könnte. Aber etwas in mir, etwas Unnennbares, hat sich selber geschmeckt. Und wenn es nur für den Bruchteil einer Sekunde ist, ist der Geschmack lebenslänglich. Auch wenn das Ich wieder munter hereinspaziert und frech seine Ansprüche geltend macht. Manchmal genauso unmerklich …

> *Manchmal sitze ich einfach nur da*
> *und genieße das Zwitschern der Vögel im Morgengrauen.*
> der DALAI LAMA

Ich weiß nicht einmal, ob zu Beginn dieses Wortes sich der letzte Buchstabe noch hinzufügt. Wie soll ich das wissen? Ich sitze hier und habe nur diesen Moment in seiner Vollkommenheit und seinem prickelnden Glanz. Der Hund im Hof bellt. Ich bin hier – das ist, was ist. Liebe ist. Sie durchströmt meinen Körper und hält sich an keine Grenzen.

Das ist jetzt.

schreiborte II

Gestern, als Schwester Sonne sich ungebrochen in ihrer nackten Frühlings-schönheit zeigte, war ich in einer leisen, milden Stimmung. Ich ging nicht durch die wuselige Innenstadt, sondern durch eine kleine Gasse über die obere Burg, um zu meinem Meditationsplatz zu gelangen.

Die »östliche« Kraft dieser Stadt, Clara, begleitete mich. Sie war ja nicht so eine blutleere Madonna, zu der Frauen im katholischen Umfeld leicht schrumpfen, sondern eine starke, schöne, kluge Frau, die sich schon als jun-ges Mädchen gegen Adel und Familie, später als Erwachsene gegen Kirche und Papst durchsetzen konnte. Sie wurde als die neue Führerin der Frauen bezeichnet. Sie und Franziskus hatten in ihrem geschwisterlichen Aufbruch die Mächtigen erschüttert und ihre Vision gelebt, so zutiefst menschlich. Die beiden waren viel tiefer verbunden, sich gegenseitig ergänzend, als es in der recht patriarchal geprägten Franziskusrezeption bekannt ist. Clara war kein Franziskusanhängsel, er schöpfte aus ihr wie sie aus ihm. In sei-ner ersten Vision zur Erneuerung der Kirche ging es auch darum, ein Haus für die Frauen zu bauen. Dieser Teil der Vision wird meistens verschwie-gen.

Schon nahe der Basilika, die verschlungenen Treppenwege nach unten hüpfend (die Stufen sind so tief, dass man die Wahl hat zwischen zwei Schritten oder einem leichten Sprung), spürte ich etwas richtig freudig in mir auftauchen, was das Zusammenwirken der beiden anging, das einen Schlüs-sel barg, wenn ich es von seiner zeitgeschichtlichen Verkleidung befreite.

Vor mir ging eine Ordensschwester – sie hatte den Treppenschritt raus, ohne zu hüpfen –, die Arme voller Olivenzweige und Plastiktüte und Blu-mentopf. Ich ging eine Weile hinter ihr. Wir waren die ganze Zeit allein. Ein-mal blieb sie stehen, sperrte ein Tor auf, schlug es wieder zu und ging weiter. So hatte ich sie eingeholt und fragte in meinem Zweiwortitalienisch, ob ich ihr tragen helfen könne.

»Sind Sie Deutsche?«, fragt sie in Deutsch zurück und hält mir das Leichteste ihrer Beschwernisse, das Gesteck im Blumentopf, entgegen. So gehen wir weiter nach unten zu einem Lagerraum. Sie gehöre den deutschen Klarissinnen in Assisi an, schon seit achtundzwanzig Jahren. Den Orden gebe es aber schon seit dem vierzehnten Jahrhundert.

Wir stehen in dem staubigen, stillen Abstellraum, die Sonne fällt durch die geschlossenen Läden und den Türspalt. Es ist nichts zwischen uns. Ganz direkt sprechen wir über unsere Hingabe und das Glück dabei. Wenige Worte sind genug.

Als ich sage, dass ich nach meiner Meditation noch nach draußen in die Natur gehe, bricht ein weites Licht aus ihrem Gesicht in den stillen, staubigen Ort. »Ja, die Schöpfung«, meint sie.

Sie erzählt dann noch von den Osterprozessionen, und vielleicht nimmt sie mein Zögern wahr, zum einen weiß ich ja nicht, was ich am Karfreitag machen werde, und zum anderen ist mir manchmal das ganze Gemartere zu viel.

»Doch, Sie müssen hingehen. Es ist ganz in Stille, die Männer, die die schweren Kreuze tragen, gehen barfuß, haben die Köpfe verschleiert. Mit hereinbrechender Nacht wird die Mutter zur Hauptkirche hingetragen, um dort in tiefer Dunkelheit den toten Sohn abzuholen. Vielleicht sehen wir uns ja«, meint sie und reicht mir die Hand zum Abschied.

still beobachten

Vertrauen Sie dem Wort, das Sie führt. Letztlich führt es Sie an die »Grenze« des Prozesshaften. Suchen Sie nach dem Innersten des Seins, nicht nach bestimmten Erfahrungen.

Es könnte auch jede andere tiefe Lebensäußerung sein; in Ihrem Leben ist es in dieser Phase das Wort. Wir bekommen, was wir brauchen. Wir verlieren, was wir nicht brauchen. Es ist ganz einfach und unpersönlich. Wobei das mit dem *Unpersönlich* so eine Sache ist. Das Wort trifft den Sachverhalt sehr genau – die Dinge des Lebens entfernen sich in der Erfahrung von der Person, sind nicht mehr an das Ich der Person gebunden, sondern rutschen in ein größeres Ich, das die Person durchdringt. In unserem Sprachgebrauch hat das Wort *unpersönlich* aber einen anderen Klang, eine andere Farbe, die eigentlich bedeutungsmäßig das Gegenteil sagt, nämlich leichte Kühle. *Unpersönlich* im hier gebrauchten Sinn bedeutetet aber einen fühlbaren Zuwachs an Liebe.

> *Viel Kälte ist unter den Menschen, weil wir es nicht wagen,*
> *uns so herzlich zu geben, wie wir sind.*
> ALBERT SCHWEITZER

Ich habe beobachtet, dass dieser Prozess des Entpersönlichens in einem spirituellen Umfeld leicht in die kühle Richtung gehen kann. »Nichts mehr ist persönlich« bedeutet dann, dass wir einfache menschliche Gesten unterlassen, weil die ja persönlich sein könnten. Das Unpersönliche wird hochstilisiert in menschliche Abgeschlossenheit, womit wir wieder bei einem sehr alten, patriarchalen Bild vom spirituellen Leben landen.

Das meine ich nicht. Ich meine mit unpersönlich, dass die Dinge geschehen und sie uns weniger und weniger persönlich aufregen, fertig machen, in Rage bringen, schrecklich sind. Langsam beruhigt sich die Oberfläche des Ozeans – er breitet sich aus in seiner stillen Weite.

Statt dieser Aufregung gibt es eine zärtlichste Liebe zu allem. Und die ist sehr wohl auch für andere spürbar. Und hält sich, wenn sie mag, auch problemlos an einfache Formen der Höflichkeit. Freundlich eben. Spiele-risch.

Denn der andere könnte sich sonst verletzt fühlen. Und wir sind nicht ungefragt die Lehrer jedes anderen Menschen.

Sie können zu all den Übungen der letzten Kapitel immer wieder zurück-kehren. Sie können jederzeit Ihre eigenen Übungen und Überarbeitungs-wege finden, um sich tiefer und tiefer in Ihre Transformation hineinzu-begeben. Letztlich geht es ja nicht um die Übungen, die sind nur ein Vehikel. Wenn Sie im freien Fluss sind, wenn Sie Ihre inneren Impulse klar wahrnehmen, brauchen Sie keine Übungen mehr. Dann schreiben Sie einfach.

Auf unserer gemeinsamen Reise berühren wir langsam einen Bereich, in dem sich das Prozesshafte auflöst. Die Dimension erweitert sich in einen weniger subjektiven, weniger persönlichen Raum. Auf der dualen Ebene heißt das, uns mehr als Teil der gesamten Schöpfung zu erfahren. Leise beginnend, den Saum des Unerschöpflichen mit der Fingerkuppe des Herzens zu berühren So zärtlich, dass niemand mehr niemanden berührt.

Mit einer tastenden Berührung habe ich das ganze Universum durchbrochen.
DOGEN

Wenn wir dieses Durchdrungensein des Geschaffenen in eine Schreibfer-tigkeit übersetzen, die natürlich immer im Dualen bleibt, heißt das: Wir brauchen zum neuen Schreiben das Einfühlungsvermögen, selbst im sogenannten Unbelebten den Ausdruck des Lebens zu sehen, und die Fähigkeit, aus allem, selbst der größten Kleinigkeit des Alltags, lebendige Bilder aufsteigen zu lassen. Wir brauchen zum Schreiben ein Bewusstsein dieser Lebendigkeit in allem.

59
alles lebt

Schauen Sie auf Ihre Umgebung mit einem Blick, der sieht, dass alles, wirklich alles lebendig ist und ein Eigenleben hat. Auch der Stuhl spürt, dass Sie auf ihm sitzen, der Teppich fühlt Ihre Schritte, das Papier nimmt die Bewegung Ihres Stifts wahr, die Luft erlebt, wie sie in Ihre Lungen dringt und sie wieder verlässt, die Wand erlebt das Wetter draußen und Ihre Stimmung hier im Raum.

...

Hören Sie, wie es lebt, spricht, sich fühlt, beseelt ist.
Schreiben Sie, was Sie hören.

60
den dingen lauschen

Nehmen Sie eine Frucht, ein Kleidungsstück, einen Stift, Ihre Tasche, Ihre Schuhe oder was auch immer. Befühlen sie den Gegenstand und erinnern Sie sich seiner Geschichte. Der Geschichte seiner Herkunft, seiner Geburt, seiner Wanderungen durch die Welt, seiner verschiedenen Formungsphasen ... Am lebendigsten ist es, wenn der Gegenstand in der Ich-Form von seiner Geschichte und seinen Gefühlen erzählt.

Haben Sie den Mut, auf einen kleinen Gegenstand unseres Alltags global zu schauen, und scheuen Sie sich nicht, wirklich von der Position des Gegenstands aus zu erzählen. Wie er berührt, geworfen, behandelt wird. Lassen Sie ihn sich freuen und leiden, dienen, sich ausdrücken. Vielleicht erinnert sich der Bleistift noch des Waldes, und er ist erfüllt davon, sich in Ihrer Hand zu seinem Lebenssinn hin auflösen zu dürfen. Es ist Aufgabe der Tomate, gegessen zu werden, Sie zu nähren.

Das Blatt Papier

Angenehm, wie da der Stift über meine Oberfläche gleitet und Zeichen hinterlässt, und ich spüre auch die Hand, die den Stift hält und von links nach rechts streicht und streichelt, immer wieder. Ob das wohl meine Bestimmung ist, diese Zeichen, die ich jetzt trage, die mich verändert haben, die sichtbar werden, indem sich die Tinte der Feder mit mir verbindet? Lange habe ich weiß und unberührt gemeinsam mit 499 Kolleginnen eng zusammengelegen und hab mich hin und wieder gefragt, was eigentlich der Sinn meines Lebens sein mag? Ich kann mich dunkel erinnern, was noch früher war, ein gewaltiger Veränderungsprozess, Teil eines endlosen Bandes, das dann geschnitten wird, und noch früher Teil einer Brühe in einem riesigen Kessel, immer wieder verändert durch Zusätze, angenehme und stinkende, die jetzt alle Teil von mir sind. Und noch früher? Es bleibt eine dunkle Ahnung von einem anderen Leben als lebendiger Baum in einem Wald, von Vogelnestern und wiegenden Windstößen. Das liegt lange zurück. Und wie mag es weitergehen, jetzt, wo ich die Zeichen trage? Ist das schon das Ende meiner Bestimmung, oder fängt meine Berufung jetzt erst an?

Djamila Rieger

Die beiden vorherigen Übungen können uns wunderbar in die Präsenz führen. Wie man danach diesen oder einen anderen Gegenstand berührt, ist zauberhaft. Und es wirkt sich auf alles aus. Halten Sie diese Bewusstheit in der Wahrnehmung.

schreiborte II

Der Weg führt mich heute aus einem anderen Tor. Assisi hat so viele Tore, heute scheint dieses das nächstliegende zu sein. Erst laufe ich auf einer Asphaltstraße, dann biege ich auf einen Seitenpfad ab und bin im Paradies.

Hier, jetzt. Es ist ein kleiner Pfad entlang des Flüsschens. Kein Mensch, nur der Duft von Veilchen. Riesige Veilchen und wilder Schnittlauch, Ringelblumen und eine tiefviolette Blume, deren Namen ich nicht kenne. Stört ihr Sein nicht, eher umgekehrt, wenn ich sie benenne, fällt sie heraus – zumindest in meiner Wahrnehmung.

Ich ziehe meine Schuhe und Strümpfe aus und balanciere auf ein paar Steinen in die Mitte des Flusses, setze mich auf einen kleinen Felsen und tauche meine weißen Winterbeine tief ins Frühlingswasser.

Gepriesen seist du, Geliebter, heute Geliebter, heute kann ich keines dieser neuen Worte für die Wirklichkeit nehmen, durch Schwester Wasser, kostbar und demütig, nennt es Franziskus. Und nützlich.

Die Wirbel hinter den Steinen sind tanzend lebendig, aus sich selbst heraus, einfach heiter. Es hat etwas im wahrsten Sinne Berauschendes, genau in der Mitte des Flusses zu sitzen. Ohne Anfang, ohne Ende.

In und mit der Natur können wir so einfach wie fast nirgendwo sonst in die Grenzbereiche des Lebens vorstoßen.

61

der erste baum

Gehen Sie zurück in der Geschichte der Menschheit. Noch weiter und weiter in der Geschichte unserer Erde. Erinnern Sie sich an den ersten Baum. Er war, bevor Sie waren. Er war unbenannt. Er stand still in der Weite und Schönheit dieses Planeten.

Schreiben Sie, unbenannt, aus der Sicht des ersten Baums.

Es gibt die unterschiedlichsten Varianten, in der Natur zu schreiben. Ein Grenzbereich unsers Tageslaufs sind die Morgen- und Abenddämmerung, die jeder und jede von uns in der eigenen Einzigartigkeit erlebt. Gemeinsam ist beiden, dass sie uns eine Schwelle, ein Heraustreten aus uns selbst, erfahren lassen können.

Wenn Sie in einer Stadt leben, nehmen Sie diese Übungen mit in Ihren nächsten Urlaub. So dass die Nacht nach oder vor der Dämmerung wirklich dunkel ist, es still ist. Wenn Sie Angst im Dunkeln haben – halten Sie sich an Ihrem Stift fest. Die Worte werden Sie tragen.

62
schreiben in der dämmerung
Gehen Sie am Abend, vor Sonnenuntergang, in die Natur mit Stift und Schreibunterlage. Suchen Sie sich einen Platz, an dem Sie sich wohlfühlen. Entspannen Sie sich. Beginnen Sie zu schreiben, was leise, still und von alleine aus Ihnen auftaucht.

Wenn Sie es nicht gleich erlauschen können, beginnen Sie mit einer leichten, leisen Betrachtung dessen, was Sie sehen, riechen, fühlen, empfinden. Lauschen Sie dem Wind, der aus dem Süden kommt, der Amsel, die das Leben preist, ohne über ihre Entfaltung nachzudenken …

Und schreiben Sie weiter, wenn die Sonne sich senkt und das Licht weniger wird. Schreiben Sie im Dunkeln weiter. Tauchen Sie ein in die Spiegelung des Nachtsees. Lassen Sie sich zutiefst im Leben verschwunden sein. Was leuchtet? Was scheint durch?

Öffnen Sie sich radikal zentriert und grenzenlos mutig für die Stille dieses Augenblicks. Bis die Nacht Sie irgendwann wieder entlässt.

Wenn Sie sich auf diese Erfahrung wirklich eingelassen haben, versuchen Sie es mit der Morgendämmerung.

Gehen Sie noch bei Dunkelheit nach draußen. Entspannen Sie sich (allein das ist schon ein Abenteuer …). Am besten ist es, wenn Sie sich schon am Abend vorher Ihren Platz bereitet haben. Beginnen Sie zu schreiben, tief aus der Nacht heraus, noch weich vom Schlaf – wo waren Sie, als Sie geschlafen haben? –, lassen Sie Ihren Stift über das Papier gehen, auch auf die Gefahr hin, dass Sie es anschließend nicht lesen können. Darum geht es nicht. Schreiben sie JETZT. Und lassen Sie sich vom auftauchenden äußeren Licht in eine immer bewusstere innere Wahrnehmung tragen.

In der Nähe meines Wohnortes gibt es ein altes, großes Benediktinerkloster, das in eine hochmoderne Kultur- und Bildungsstätte verwandelt wurde. Aber ein bisschen weht der feine benediktinische Geist noch in seinen Mauern. Immer wieder gibt es wunderbare Ausstellungen dort. Während der Ausstellung eines Künstlers, der Installationen in der Natur macht, Objekte aus den unterschiedlichsten Materialien in die Natur stellt, sie sich dort wandeln lässt, wachsen, zerfallen, bewegen, war ich zu einer Schreibwerkstatt mit dem Thema »Haiku« eingeladen. Es war tiefer Winter, und wir gingen nach draußen in den weiten, tiefverschneiten Park und »lauschten« den Objekten des Künstlers. Der Schnee fiel auf unsere Schreibpapiere, die Tinte zerrann, und die Worte flossen.

Im fließenden Schreiben ist Halt. Die Bewegung ist das einzig Sichere. Die Qualität des Wassers ist es, überallhin zu gehen; es bewertet nicht, wohin es geht, sondern es fließt einfach, auf den höchsten Bergesketten, in den dunkelsten Höhlen, weitesten Weiten. Diese Qualität brauchen wir zum Schreiben.

Wenn wir beschreiben, *was ist, wie es ist* von der Qualität her, und kein Urteil darüber fällen, dass es ist, wie es ist, und *gleichzeitig* unseren Standpunkt hineinnehmen, entsteht ein wirklicher Dialog. Mit dem, worüber wir schreiben und mit dem Leser.

Es geht nicht darum, Bewertungen künstlich auszuschalten, das wäre ja wieder nicht wahrhaftig, sondern uns ihrer bewusst zu sein, sie offen in der Schwebe zu halten. Die Übung mit dem Blatt daneben, das die Bewertungen und Urteile dankend aufnimmt, ist immer noch gut. Auch jetzt noch.

63
wasserworte
Im Winter:
Schreiben Sie im Schnee.
In aller Ehrfurcht.

Im Sommer:
Schreiben Sie im Regen.
In aller Hingabe.

Vielleicht ein Haiku? Vielleicht auch nicht.

Ein Haiku ist eine Gedichtform aus Japan, mit einer einst sehr strengen Tradition. Heutzutage können wir uns das einfach machen – man zählt nur die Silben, ohne alle Jahrhundertregeln über Frühlingsworte oder Herbstwahrnehmungen zu kennen und zu beachten. Es geht auch so, die Form ist so stark, dass sie sich selber trägt.

Erste Zeile fünf Silben,
zweite sieben,
dritte wieder fünf.

Da bleibt ein stiller, leerer Raum.

Weiß die Amsel noch
wie der letzte Winter war?
Sitzt und singt einfach.

der tod und andere visionen

Auch Sie und ich werden nicht darum herumkommen. Insofern könnten wir den Tod als Freund nehmen oder letztes großes Abenteuer, das uns bevorsteht. Es lebt sich leichter im Wissen darum.

Die Menschen sterben so verschieden. Der große Zen-Meister Suzuki, der sein Leben lang meditierte und ein Mensch voller Weisheit war, erzählte kurz vor seinem Tod einem Freund, dass er nicht sterben wolle. Und der Komiker Karl Valentin, der so ein schweres Leben hatte, den nach dem Krieg erst einmal niemand mehr beachtete, sagte als letzten Satz seines Lebens: »Wenn ich gewusst hätte, wie schön das Sterben ist …«

64
sterben
Wie will ich sterben?
Schreiben Sie.

Ob das dann so geschieht, ist natürlich eine andere Sache.

Eine der ältesten Übungen auf fast allen spirituellen Pfaden und in den diversen psychologischen und transpersonalen Verfahren ist es, sich bestmöglich auf den Tod vorzubereiten. Das Geheimnis all dieser Übungen ist natürlich, dass sich daraus das jetzige Leben in Höchstform kristallisiert. Denn wenn wir keine Angst mehr vor dem Sterben und dem Tod haben, verändert sich unser Leben grundsätzlich.

Alles werde ich zurückgeben müssen, alles.
CHRISTIANE SINGER[45]

65
drei monate
Stellen Sie sich vor, Sie haben nur noch drei Monate zu leben.

Nehmen Sie sich erst einmal Zeit für dieses Bild.
Was ist eigentlich wesentlich in Ihrem jetzigen Leben?
Was ist Ihnen wichtig in dieser verbleibenden Zeit?
Was haben Sie noch zu erledigen? Abzuschließen? Anzufangen?
Was bindet Sie an diese Welt? Wünsche? Abhängigkeiten?
Erzählen Sie.

Immer wieder: Hier und für alle anderen Übungen gilt: Schauen Sie, welche Form sich bilden möchte, ob Sie ganz direkt aufschreiben, was Ihnen aus Ihrem Leben dazu einfällt, oder ob sich eine mehr oder weniger verfremdete Geschichte, ein Essay, ein Gedicht, eine Collage ergibt. Überlassen Sie sich dem, was in Ihnen auftaucht. Stehen Sie sich nicht selbst im Weg *und* stehen Sie sich selbst in der Haltung des geschärften Schwerts gegenüber. Höchste Genauigkeit. Keine Schlupflöcher durch künstlerische Gestaltung. Scharfe Kunst – das wär's.

Und nach dem Tod das Leben:

66
lebensträume
Notieren Sie Ihre Lebensträume.
    Aber Vorsicht – über Träume auf dem Papier kann man nicht mehr so leicht hinweghuschen.
    Gehen Sie das Risiko ein.
    Ganz.

Auch wenn es immer wieder darum geht, dass wir Stück für Stück unsere Bilder- und Vorstellungswelt davon, wie die Welt scheinbar ist oder zu sein oder zu werden hat, loslassen, tauchen doch manchmal aus einer tieferen Ebene Impulse auf, die uns Hinweise auf unser Dasein hier auf der Welt geben. Ich scheue mich sehr, das Wort »Aufgabe« zu verwenden, da hakt das Ich doch gar zu gerne schnell mit seiner ganzen Wichtigkeit ein. Und da gibt es nur eine einfache Antwort – wir sind hier, weil wir hier sind. Seiend. Einfach so. Nicht mehr. Nicht weniger. Übrigens sehr befreiend.

Manchmal überlagern die Vorstellungen über große Aufgaben zum Wohle der Menschheit, zu denen sich jemand berufen fühlt, das, was den oder diejenige wirklich mit Freude, tiefer Freude erfüllt. Das kann natürlich zusammenfallen – muss es aber nicht. Unterscheiden Sie.

> *Indem man seiner Freude folgt,*
> *bringt man sich gewissermaßen auf eine Spur,*
> *die immer schon da war und auf einen wartete.*
> JOSEPH CAMPBELL[46]

Dass die Dinge aus Freude geschehen, hat in unserem Kulturraum so einen leichten Beigeschmack der mangelnden Pflichterfüllung. Als gäbe es eine höhere Pflicht, als Freude in diese Welt zu tragen. Und wenn ich in Freude bin, dann bringe ich oft mehr davon in die Welt, als wenn ich voller Pflichtgefühl hart politisch oder sozial oder menschenretterisch arbeite. Das ist auch Antwort auf den Einwurf, wie man sich denn angesichts des Elends auf der Welt noch freuen könne. Ich frage nur: Wollen wir das Elend mit unserer Jammermiene noch vermehren?

Und ich meine tief erfüllende Freude. Sie hat eine andere Qualität als der viele Spaß, zu dem wir oft animiert werden. Es ist wunderbar, dass es Spaß gibt, ich liebe Spaß, Sie nicht? Ich weiß nur nicht, ob dahinter nicht bei vielen Menschen oft großer, hungriger Mangel herrscht, der die eigentliche Triebkraft ist und der nie, oder nur sehr kurzfristig, durch Spaß gestillt werden kann.

Die Seele nährt sich von dem, woran sie sich freut.

AUGUSTINUS

Wenn es um die Frage nach der tiefen Freude geht, ist es hilfreich, sie sich wirklich zu stellen. Und in dieser Frage geht es nicht darum, sich wieder neue Bilder zu machen, wie wichtig und bedeutend ich denn bin, sondern um eine Feinabstimmung mit den inneren Impulsen.

67
beine baumeln
Ich sitze auf der Kante meines Totenbetts, baumle mit den Beinen und schaue auf mein gelungenes Leben zurück ...
Was sehe ich?
Schreiben Sie.

Die Menschen werden nicht durch die Umstände beunruhigt,
sondern durch deren Betrachtungsweise.

EPIKTET

Zum neuen Schreiben gehört nicht nur ein veränderter Bewusstseinszustand, sondern auch, neue Visionen zu sehen und davon zu erzählen. Denn auch mit unseren Zukunftsvisionen ist es so, dass sich unsere Gedanken materialisieren. Ein Künstler, Michal Kosakowski, hat das in seiner Ausstellung »Just Like the Movies« sehr präzise gezeigt. Er nahm Bilder aus Filmen, die alle vor dem 11. September 2001 entstanden waren, und setzte sie neben Bilder des 11. September – die Übereinstimmungen waren frappierend. Es war so gut wie alles schon gezeigt worden.

Wir können es umdrehen und Visionen entwerfen, die von mehr Kühnheit zeugen als deprimierende wissenschaftliche Berichte oder katastrophenreiche Hollywoodbilder, die nur das in die Zukunft projizieren, was wir jetzt schon wissen. Da muss es doch noch mehr geben. Es muss doch möglich sein, sich unsere Zukunft blühend auf dieser Erde vorzustellen, ohne dass es gleich ins andere Extrem fällt, in diese süßlichen, kraftlosen Regenbogenvisionen, in der wir alle fad und lieb zueinander sind. Das sind doch keine Visionen.

Versuchen Sie, einen positiven, weit-spannenden Weg zu finden. Natürlich geht es darum, die augenblickliche Situation aufzunehmen, nicht mit rosigen Augen zu schauen, aber auch durchzugehen in neue Räume, die uns hier und jetzt auch wieder Kraft geben. Da möchte ich vor allem auch uns Frauen anstoßen; sichtbare weibliche Visionen fehlen fast vollständig in unserer Zeit.

68
vision
Nach dem Abwurf der Atombombe über Hiroshima gab es einige Mönche, die völlig unverletzt aus dem Ereignis hervorgingen. Stellen Sie sich vor: Sie selbst haben die geistige Fähigkeit der Mönche von Hiroshima und überleben jede eventuell kommende Katastrophe.

Wie gestalten Sie die neue Welt? Sie haben alle Möglichkeiten, alle Menschen, die Sie für Ihre Ideen brauchen, zur Verfügung, alle geistigen, wissenschaftlichen, finanziellen, kreativen, außerterrestrischen, göttlichen, körperlichen, poetischen, energetischen, unvorstellbaren Möglichkeiten …

Lassen Sie Ihrer Phantasie freien Lauf.

Das ist bestimmt eine Übung, in der Ihnen das Cluster dienen kann.

schreiborte II
Franziskus blickte in den Brunnen, und einer seiner Brüder fragte ihn, ob er darin die Spiegelung von Schwester Mond leuchten sehe. »Nein«, sagte Franziskus, »nicht Schwester Mond, ich sehe das wirkliche Antlitz unsere Schwester Clara.«

Und Clara hatte einen Traum, in dem sie Stufen zu Franziskus hochschreitet, um ihm warmes Wasser und ein Handtuch zu bringen, aber sie hat das Gefühl, sie schreite zu ebener Erde, so leicht war der Aufstieg. »Franzis-kus habe ihr dann seine eigene Brust gereicht und sie daran trinken lassen. Die Öffnung der Brust aber, schien ihr, sei klares und leuchtendes Gold gewe-sen, so dass sie sich darin sehen konnte, gleichsam wie in einem Spiegel.«[47]

Wenn ich all die Überlagerungen von Jahrhunderten, Kirchen, Institutio-nen und Selbstkasteiung sanft beiseiteschiebe, sehe ich in diesen beiden ein tiefstes Sich-Erkennen als Mensch. Und gerade auf dieser Ebene der Liebe der beiden wird für mich die neue Vision von Begegnung sichtbar. Im neuen Paradigma sehen wir uns gegenseitig in unserer wahren Wesensnatur. Alle Menschen. Auch Mann und Frau. Das verändert die Welt essentiell. Wenn ich mir vorstelle, wir würden uns so sehen, der Mann blickt in die Tiefe des Brunnens, seine eigene Seele, und erkennt sich dort selbst im wahren Antlitz seiner Frau, und sie trinkt an seiner Brust die reine Essenz und erkennt sich selbst darin. Ganz leicht und ebenbürtig.

Nach einer unsagbaren Leidensnacht, in der sich ihm – weit seiner Zeit vor-aus – eröffnete, dass das Heitere nicht erst nach unserem Tod sein wird, son-dern schon jetzt, hier auf dieser Erde, sang Franziskus an einem Morgen, fast blind, bald am Ende seines Weges, abseits aller Dogmen, im zeitlosen Gärt-lein Claras jenes große Lied der Liebe. Und singt es immer noch. Moderner denn je. Heiter.

Ich sehe sie sitzen, die beiden. Forscher haben es entdeckt an den Reli-quienmänteln der beiden: In der Kutte des Franziskus ist ein Flicken aus dem Gewand Claras, in ihrer Stichart eingesetzt. Clara, den Mantel haltend, in solch präsenter Achtsamkeit, wie sie zu sticken pflegte, mit jedem Stich das Licht hinter den Dingen lobend und die Worte in Stille mit ihrem Bruder tei-lend, der schlau den Machtgebärden der kirchlichen Obrigkeit entschlüpft. Natürlich sind das alte Bilder. Was mein Herz so bewegt, ist ihr gemeinsamer Aufbruch in den Frieden. Unsere Bilder werden andere sein, weil wir in einer anderen Zeit leben, aber die Essenz ihrer Revolution ist dieselbe.

So sitze ich mit ihnen, mit beiden, und lausche in ihr Herz, nicht getrennt von meinem, und höre den zärtlichsten Ton, den nur die Stille singt.

Da ist keine Erkenntnis.

jetzt frisch unmittelbar

*Würden wir nur aufhören, unsere Welt für selbstverständlich zu halten,
dann könnten wir etwas Verschmitztes aus dem Herzen des Lebens hervor-
lugen sehen, das uns tiefer in die Welt hinlockt, das uns erlaubt, tiefer und
tiefer in die Geheimnisse der Schöpfung vorzudringen und uns vielleicht
sogar eine neue Beziehung zu allem, was wir kennen, in Aussicht stellt.*

VLADIMIR NABOKOV[48]

Auf dem Schiff, das Tanja Karen Blixen nach Afrika brachte, lernte sie
einen deutschen Offizier kennen, mit dem sie über das Reiten sprach. Er
erzählte ihr, dass ein Reiter vor einem Hindernis erst sein Herz über das
Hindernis wirft und dann das Pferd von alleine springt.

69
das herz über das hindernis werfen
Dieses Gefühl des geworfenen Herzens ist vibrierende Präsenz.
Schmecken Sie Ihre Wachheit. Wie sich Ihr Rücken aufrichtet, Ihre
Zellen öffnen, die Schultern lösen; wie Sie das Licht hinter den Dingen wahrnehmen. Die Dinge, Hindernisse, Probleme verschwinden
und nur noch das Licht schimmert.

Und gehen Sie wieder in den Vordergrund zurück zu den Dingen
des Lebens. Versuchen Sie, beides in einer Wahrnehmung zu halten.

Schauen Sie so einmal auf die Themen, Visionen, Aufgaben,
Erinnerungen, Herausforderungen, Schwächen – auch die der
anderen –, die Sie heute beschäftigen.

Und haben Sie jetzt den Mut und werfen Sie Ihr Herz über jede
dieser Herausforderungen.

Lassen Sie sich Zeit.

Schreiben Sie dort, wo die meiste Energie ist.

Oft bleibt *eine* Wunde in uns sehr lange sehr verborgen und ungeheilt. Sie ist nicht so einfach über gut geübte Selbstreflektion zu erspüren. Vielleicht haben Sie sie auf Ihrer langen Reise bis hierher schon gestreift. Wer weiß. Diese tiefste Wunde wird von uns selbst oft ausschließlich als ein Verletztsein aus unserer Geschichte wahrgenommen. Aber sie ist so tief, dass sie mit einer anderen Wunde zusammenfällt – unserem Sturz aus der Einheit in das getrennte Dasein. Oder besser umgekehrt – wir projizieren den Schmerz unseres ersten Erlebens des Getrenntseins auf eine schmerzliche Erfahrung in dieser Welt.

Ich hörte einmal in einem Vortrag[19] diese Geschichte des Bruders, der ein kleines Geschwisterchen bekommt und seine Eltern inständig bittet, einmal mit dem Baby allein zu dürfen. Moderne Eltern erlauben das und schalten das Babyphon ein. Und sie hören ihren kleinen Sohn mit dem Baby sprechen und darum bitten, es möge ihm doch von Gott erzählen, er beginne schon zu vergessen …

»Gott kommt durch eine Wunde«, sagte meine Lehrerin Irina Tweedie öfter. Als wäre die Wunde ein Tor. Wenn wir die eine Wunde – das Vergessen der Einheit – aus der anderen Wunde – der tiefsten aus unserer Geschichte – herausschälen, dann kann die Wunde zum Wunder werden.

70

die wunde

Entspannen Sie sich.

Tauchen Sie ein in die Liebe.

Und weichen Sie dem wunden Punkt in sich nicht aus. »Dem« wunden Punkt.

Lassen Sie sich Zeit; *und* vertrauen Sie dem ersten Impuls. Erste Impulse haben noch diese reine Unmittelbarkeit.

Nähern Sie sich schreibend vorbehaltlos Ihrem wunden Punkt.

Vorbehaltlos.

Schreiben Sie.

In tiefem Geliebtsein.

Was macht man nach dem Schreiben eines solchen Textes? Zitternd, aufgeweicht, erfüllt wie man ist?

Ganz einfache alltägliche Dinge. Geschirr abspülen, sich einen Tee kochen, zum Fenster hinausschauen. Ganz langsam.

Den Stift einen Tag ruhen lassen.

*

Nachdem Sie durch die Begegnung mit der Wunde gleichsam angeknüpft haben an unsere erste Wunde – das Herausfallen aus der Einheit, unserer Heimat, können Sie einer Spur folgen, die mit dieser Trennung verbunden ist – der lebenslangen Sehnsucht nach der Rückkehr in die Einheit, unserem ewigen Heimweh. Solange wir uns der Bedeutung dieses Heimwehs nicht wirklich bewusst sind, sind wir wie Getriebene. Auf die Menschheit geschaut, ist es so offensichtlich – wer würde noch Krieg führen gegen jemanden, wenn er weiß, wie tief er mit dem anderen verbunden ist? Wer würde noch eine andere hungern lassen, wenn sie weiß, dass die Hungernde und die Raubbau-Treibende EINE ist?

71
spirituelle biographie
Wo waren Sie, bevor Sie waren? Wer waren sie, bevor Sie wurden, wer Sie sind? Wann und wo im Leben haben Sie sich daran erinnert? Immer und immer wieder?

Wann haben Sie das erste Mal diese undefinierbare Sehnsucht wahrgenommen? Wann waren Sie einmal eins, vollkommen eins mit allem, worin Sie waren? Kam es leise? Oder mit Wucht? Haben Sie es vergessen? Was hat Sie wieder daran erinnert?

Schreiben Sie Ihre spirituelle Biographie.

die große stille

Du wurdest aus meinem Herzen geboren wie ein Wort,
und wie ein Wort verschweige ich dich zuletzt.
RUMI

Das Wort aus dem stillen Raum. Wir betreten unerforschtes Gelände, nur so öffnen sich die Räume.

Die Weite in uns ist die Weite des Kosmos. Es kann natürlich immer nur eine Annäherung sein – denn letztlich gibt es kein Wort der Großen Stille. Aber in die Annäherung können wir gehen, in den Bereich dieses ersten Auftauchens von Sprache am Rande der Schöpfung, dorthinein können wir uns wagen – ganz. Verschwinden und wieder auftauchen.

Das Wort aus der Stille ist nie zu finden.

Überall.

Das lässt uns das Leben tanzen.

Was sind wir für unfassbar großartige, geheimnisvolle Wesen.

Das lässt uns keine Übung auch nur annähernd ergründen. Und doch möchte ich Sie zu dem nächsten Experiment einladen. Ich verfalle darin noch einmal in die alte Sprache von Positiv und Negativ. Lassen Sie sich darauf ein, auch wenn Ihnen längst bewusst ist, wie relativ diese Betrachtung geworden ist. Und ich bitte Sie, sich bei dieser Übung ganz genau an jeden Schritt der Anleitung zu halten. Aus meinen Erfahrungen in den Schreibwerkstätten weiß ich, dass es höchste Konzentration im linearen Denken braucht, um die einzelnen Schritte der Reihe nachzuvollziehen.

die neue dimension

Schreiben Sie in fünf möglichst kurzen, einfachen Sätzen über ein »positives« Ereignis Ihres Lebens. Nummerieren Sie die Sätze und schreiben Sie sie einzeln untereinander. Schreiben Sie nun in fünf möglichst kurzen, einfachen Sätzen über ein »negatives« Geschehen Ihres Lebens. Nummerieren Sie die Sätze und schreiben Sie sie einzeln untereinander.

Es hat sich als hilfreich erwiesen, Ereignisse zu wählen, die einen wirklich berührt haben, die den Geschmack des Existentiellen haben.

Gehen sie dann zum zweiten Teil der Übung über:

Bleiben Sie konzentriert. Nehmen Sie ein neues Blatt. Schreiben Sie jetzt die Sätze, die Sie aufgeschrieben haben, einfach ab. Ändern Sie nichts mehr daran, schreiben Sie sie nur wie einen neuen Fließtext hintereinander ab, und zwar in folgender Reihenfolge:

Beginnen Sie mit dem ersten Satz des negativen Ereignisses, dann kommt der erste des positiven, dann der zweite des negativen, dann der zweite des positiven. Und so weiter.

1 negativ 1 positiv 2 negativ 2 positiv 3 negativ 3 positiv 4 negativ 4 positiv 5 negativ 5 positiv

Der letzte Satz in diesem Text ist demnach der letzte der positiven Sätze.

Entspannen Sie sich. Lehnen Sie sich zurück. Und lesen Sie jetzt einmal den neu entstandenen Text. Lesen Sie ihn laut. Halten Sie die Stille.

Lesen Sie jemandem erst die zweimal fünf Sätze und dann den ganzen Text vor.

Lauschen Sie gemeinsam der Stille. Staunen Sie.

Diese Übung ist wie ein Königsweg. In den Schreibwerkstätten ist es immer absolut still, wenn die aus dieser Übung entstandenen Texte gelesen werden. Für einen Moment sind sich alle der Größe und der Kraft bewusst, die aus diesem Geheimnis – der Auflösung der Dualität – entsteht.

Wenn Sie in voller Hingabe und Präsenz mit Hilfe dieser Übung die zentralen Ereignisse Ihres Lebens durchgehen, können Sie einen wirklichen Schritt in Ihre Freiheit erleben.

Die große Schwelle, die es so gar nicht gibt, wird nicht von uns über schritten, wir werden hinübergezogen in ein Gewahrsein dessen, was ist. Es entfaltet sich von alleine. Der Sprachraum verwischt. Und doch ist es eine Schwelle.

Wer sucht die Wahrheit? Wer fürchtet sich vor der Wahrheit? Gewiss fürchtet sich die Wahrheit nicht vor uns. Das ist das wahrhaft Tröstlichste auf dieser Welt. Die Wahrheit liebt nur.

Wir sind keine Büchse der Pandora – wenn wir uns tief öffnen, kommt nicht unser wahrhaft Schrecklichstes zum Vorschein, sondern unser wahres Antlitz. Und das ist die Schönheit und die Majestät selbst.

Was lässt unser Auge sehen? Unser Herz schlagen? Im Grunde ist es ganz einfach. Es gibt eine Hülle, eine Ausformung, kristallisierte Materie – unseren Körper. Diese Hülle bewegt sich, fühlt, handelt, spricht. Die meisten von uns meinen diese Hülle, wenn sie »ich« sagen.

Langsam bewegt sich dieses Ich immer weiter nach »hinten«, in jenes, das den Körper sich bewegen lässt, ihn handeln, singen, tanzen lässt. Das, was »ich« sagt, taucht immer mehr dorthin ein. Bis nur noch das »Dorthin« bleibt, das sich als Welt kristallisiert, um erkannt zu sein. Es ist das, was eigentlich bewegt. In vollkommenem Unbewegtsein und höchster Dynamik. Und es ist das, was alles und jeden bewegt. Es gibt nur Das. Es ist überall.

Etwas Einfacheres ist nicht.

der ozean

Gehen Sie nie mehr aus der Liebe.

Sorgen Sie für absolute Ungestörtheit. Entspannen Sie sich.

Halten Sie Stift und Papier parat. Schließen Sie die Augen.

Versenken Sie sich tiefer und tiefer in sich selbst. Spüren Sie, wie Sie sich immer weiter auflösen, leichter werden.

Tiefer.

Öffnen Sie jetzt leicht die Augen, nur so weit wie nötig, bleiben Sie dabei im Zustand der Versenkung und beschreiben Sie in wenigen Worten Ihre Wahrnehmung, Ihre Erfahrung.

Dann gehen Sie tiefer. Beschreiben Sie wieder.

Tiefer.

Nähern Sie sich in höchster Unmittelbarkeit dem Tiefsten in sich selbst.

Fürchten Sie sich nicht – es fürchtet sich nicht vor Ihnen.

Beschreiben Sie.

Tiefer.

Ergründen Sie sich im Bodenlosen.

Tiefer.

Schreiben.

Eventuell müssen Sie springen.

Schreiben Sie, wenn Sie noch Worte finden.

Tiefer.

Tauchen Sie ein in den Ozean, der wir alle sind.

Versuchen Sie es zu sagen, auch wenn es unsagbar ist.

Es fürchtet sich nicht vor Ihnen.

Sagen Sie das Unsagbare.

Es liebt Sie sowieso. Ob Sie es wahrnehmen oder nicht.

Kommen Sie langsam wieder zurück, bewegen Sie sich leicht, trinken Sie eine Tasse Tee, essen Sie etwas Süßes. Das erdet.

mein leben – ein tanz.
zurück auf dem marktplatz

Was geschieht, wenn alle Menschen Buddhas sind?
Dann machen wir eine Riesenparty.
der DALAI LAMA

Zurückgekommen, das Herz fest im unendlichen Ozean, die Füße tief in der offenen Erde verwurzelt, treten wir hinaus in die Mitte der Welt, wo immer sie ist. ES lebt uns auf dieser Welt, und wir leben ES.

Ich bin zutiefst dankbar. Auch Ihnen dankbar; wenn nicht ein irgendwie geartetes Sehnen in Ihnen gewesen wäre, hätte ich nicht den Impuls gehabt, das Buch zu schreiben, und Sie hätten auch nicht bis hierher gelesen oder geübt. So danke ich Ihnen.

74

dankbar

Seien Sie einmal, nur für diesen Augenblick, für alles dankbar. Für Sie selbst und Ihre Beine, Ihren Bauch, die Luft, die Sie atmen, den Stuhl, auf dem Sie sitzen, das Dach über Ihrem Kopf, das warme Wasser am Morgen, das Essen auf Ihrem Tisch, für Ihre Kinder oder dass Sie keine Kinder haben, dass sich Ihr Mann/Ihre Frau von Ihnen getrennt hat oder dass er/sie immer noch da ist, dass Sie allein mit Ihrem Kind sind und dass es so ist, wie es ist und Ihre Arbeit so ist, wie sie ist. Dass wir Plastik haben und Müll und Autos.

Seien Sie kühn – versuchen Sie es auch mit all dem Unannehmbaren, danken Sie auch dafür. Irgendwo tief verborgen birgt auch dieses Geschehen die Liebe.

Urteilen Sie nicht. Versuchen Sie es einmal, hier, jetzt. Als Übung. Das heißt nicht, dass Sie es GUT finden und nicht NEIN dazu sagen. Sie versöhnen sich einfach nur mit dem, was ist. Denn es IST ja, es geht nicht weg durch Nörgeln, nur unsere offene Haltung und gute Stimmung geht dadurch weg.

Schauen Sie freundlich darauf. *Das* gibt Kraft. Allen. Seien Sie dankbar dafür, dass Sie Zeit und Kraft haben, einen solchen Entwicklungsweg zu gehen, wie Sie es gerade tun. Das ist ein besonderes Geschenk, das nur wenigen Menschen auf dieser Erde zur Verfügung steht. Dankbarkeit dafür hilft, dass wir diese Entwicklung dann zum Wohle aller einsetzen.

Seien Sie dankbar dafür, dass es so ist, wie es ist. Dass es diese schreckliche Kollegin gibt und diesen verführerischen Nachbarn. Und dass es so war, wie es war, für Ihre Kindheit und Ihr Verlassensein dort und Ihre Flucht und Vertreibung aus welchen Welten auch immer – seien Sie dankbar dafür. Dass die Welt so ist, wie sie ist, mit allem, *mit allem*, was darauf geschieht. Seien Sie dankbar für alles, ohne Ausnahme, nur einmal, jetzt, für diesen Augenblick.

Zum Ausprobieren.

Schreiben Sie in Dankbarkeit

schreiborte II

Ein fast schon lauer Nachtwind huscht über Assisis Bahnhof. Die Züge haben Verspätung, auch der meines Mannes. Ich habe Zeit und spaziere jetzt entspannt am Bahnsteig auf und ab.

Auf einer der Bänke sitzt ein schmaler Mann mit Wollkappe und tiefbraunen Augen. Irgendwie alterslos; sein Körper wirkt wie der eines Jungen, und doch ist er bestimmt schon über dreißig. Seine Kleidung kurz vor dem Stadium der Verwahrlosung, gerade noch gehalten.

Nachdem ich ein paar Mal auf- und abspaziert bin, spricht er mich an, woher ich käme. »Germania«, *sage ich. Dann stolpert er in ein paar deutschen Worten hinterher, dass er einen Bruder in Leipzig und einen Freund in – und das kommt perfekt, ohne jeden Akzent –* WUPPERTAL *habe. Ich muss lachen.*

Er bedeutet mir, mich auf die Bank neben ihn zu setzen. Etwas lässt mich ganz nahe an seinen Körper rutschen. Mein Herz ist weit offen. Er erzählt auf

Italienisch, Deutsch, Englisch von seiner Kindheit in Tunesien, seinen harten Arbeitsjahren in Italien, siebenundzwanzig inzwischen, und dass er sein Geld nicht bekommen habe, zwei Monate Arbeit in einem Hotel, nur Kost und Logis, aber kein Geld und auf einer Baustelle auch nicht …

Er zappelt viel auf unserer Bank, riecht nach Alkohol, vielleicht ist er irgendwie auf Entzug oder hält einfach die innere Spannung, die mit seiner Situation einhergeht, nicht aus. Seit drei Tagen keinen einzigen Euro mehr in der Tasche. Was weiß ich denn. Da würde ich auch zappeln.

Ich liebe ihn einfach so, wie er ist, redend, riechend, zappelnd. Bin ganz still. Er zeigt mir irgendwelche Fahrkarten und polizeiliche Papiere, deren Bedeutung ich nicht verstehe. Ich sitze einfach nur da, um zu lieben und freundlich zu sein. So ein Glück.

Nach einer Weile kommt sein Freund, gepflegter als mein Nachbar, spricht Arabisch in ein Handy. Fragt mich, ob ich eine Zigarette hätte. Nein.

Ob er kein Zuhause habe, frage ich Achmed. Sein Name stand auf den Papieren. Ein Zelt, sagt er, ein Zelt in der Sahara. Er sei Tuareg. Dabei nimmt er seine Wollmütze vom Kopf, um mir sein schwarzes, geflochtenes Haar zu zeigen.

Kleine Zöpfchen unter einer Mütze sind geblieben vom stolzen Volk. Ich bin Nomade, Nomade, sagt er, springt auf, setzt sich wieder. Sein Handy klingelt.

Ich stehe auf und spaziere wieder im Bahnhof umher, hole dabei etwas Geld aus meiner Handtasche. Ich weiß, ich könnte auch Essen, eine Fahrkarte oder Zigaretten kaufen, man macht das so korrekterweise. Soll er sich doch kaufen, was er will. Mir ist egal, ob seine Geschichte so eins zu eins stimmt – auf jeden Fall ist er in einer Situation, sie so erzählen zu müssen. Einen stolzen Tuareg will ich nicht bevormunden, auch nicht, wenn er als Obdachloser auf Assisis Bahnsteig lebt.

Nachdem Achmed telefoniert hat, kommt er mir nach, und ich gebe ihm das Geld und spaziere weiter auf und ab, während er wieder zu seiner Bank geht. Plötzlich hüpft er wieder auf, rennt auf mich zu und umarmt mich. Ich ihn auch. Ich halte ihn ganz fest, ganz fest. Was tut die Liebe sonst.

Der Zug fährt ein. Ich umarme meinen Mann, ganz fest, noch den Geruch von Alkohol und Rauch in meinen Kleidern. Dann kommt Achmed angerannt, umarmt meinen Mann gleich mit. »Sie ist wie meine Mutter, meine

Mutter«, und bedankt sich bei Gott und der Welt. Der stolze Tuareg am kalten Bahnhof Assisis.

Es ist seltsam. Wie ich da so saß, so nah, körperlich nahe neben ihm auf der Bank, wusste ich von dieser feinen, hauchdünnen Grenze, die jeden von uns in solch eine Situation bringen kann. Auch ich könnte morgen obdachlos sein. Was bin ich nicht. Wir waren tief vertraut, einfach Menschen. Und in der Tiefe, ganz in der Tiefe, gab es keinen Unterschied in der Umarmung mit ihm und meinem Mann.

Und doch verbindet mich etwas Besonderes mit meinem Mann.

Und dann ist Karfreitag. Ganz im Dunkel liegt die Stadt am Abend. Alle Straßenlaternen sind gelöscht, die Läden und Restaurants haben ihre Außenlampen ausgeschaltet.

Der Wind weht wieder eisig. An der Kirche des heiligen Rufinus soll der Zug beginnen. Die Menschen stehen schweigend in der Dunkelheit. Das riesige Kirchenportal öffnet sich lange nicht. Das Licht Hunderter von Kamerablitzen hier und da wirft für einen kurzen Moment riesenhafte Schatten der Kreuze an die Wände der Kirchenmauern.

Dann plötzlich fällt das erste Licht aus einem dünnen Spalt der hohen Mitte des Kirchtores. Langsam und lautlos öffnen sich die Flügel, und eine leise Bewegung erfasst den stillen Zug, die ersten Schritte zögernd durch die Nacht wagend. Aus dem Licht des Tores erscheint über den Köpfen der Menschen die Figur der Maria, mit weit ausgebreiteten Armen, als würde sie fliegen. Wie diese Bewegung aus dem Licht des geöffneten Tors in die Nacht fällt. Fliegend und segnend in einem.

Als sie näher kommt, im Schein der Fackelträger an mir vorbeizieht, getragen von bis zu acht kräftigen Männern in Kutten, erkenne ich die sieben Schwerter, die in ihrer dem Himmel dargereichten Brust stecken. Starkes Bild für den Schmerz auf dieser Erde. Ihn erleben – ihn darreichen. So also geht sie ihren toten Sohn abholen. Nachdem alle Mönche, Nonnen, Kreuze und Gottesmütter vorüber sind, reihen wir uns in den Zug ein.

Schweigen. Ein Lied, ein Gebet, Schweigen. So hat der Gang durch die dunkle Stadt fast eine meditative Qualität. Und es geht nur um die trauernde Mutter in den Gebeten, so viel verstehe ich auch im Dunkel der Nacht. Und schließe mich ihr einfach an. Begleite die Trauernden, wo immer auf dieser Welt sie sein mögen, auf ihrem Weg. Verstehe ein wenig vom Geist dieses uralten Brauchs, der sicher noch ältere Wurzeln als in unserem Mittelalter hat. Es ist tröstlich, auf so einem Gang nicht alleine zu sein. Sich gegenseitig begleitend.

Je näher der Zug der Franziskus-Basilika kommt, desto mehr Fackeln sind an den alten Hausfassaden entzündet. Denn auch die große, machtvolle Basilika ist nicht beleuchtet, nicht innen, nicht außen. Ganz hinten können wir uns noch in die volle Unterkirche quetschen. Der Bischof spricht, der Chor singt überirdisch schön, und bald schon formiert sich der Zug wieder für den Rückweg. Dadurch, dass wir so weit hinten saßen, rücken wir ganz nach vorne zu den Trägern, den echten und verkleideten Mönchen und den Kreuzen.

Klaus fragt, ob ich denn »meine« Nonne, die Klarissin, gesehen hätte. Und gerade in dem Moment steht sie direkt vor mir. Ich grüße sie stumm und meine, ein Lächeln in ihrem Gesicht zu sehen. Dann folgt die große, offene Trage, mit Samt-Baldachin und samtuniformierten Trägern, die schwer an dem mit Mimosen geschmückten Leichnam zu tragen haben. Und dahinter, hoch erhoben, die fliegende, von Schwertern durchstoßene Mutter.

Draußen ist es noch kälter und windiger geworden. Echtes Karfreitagswetter. Ein paar Schritte begleiten wir den Zug noch, dann wenden wir uns in eine Seitenstraße, um in unserem eigenen Rhythmus, in Schweigen, den Heimweg anzutreten. So kommen wir vor der Zugspitze am Markplatz an, der inzwischen – wie die ganze Stadt –, von Fackeln erleuchtet ist, die wild ihr Feuer und ihre Schatten in den Sturm werfen.

Auf dem Marktplatz hatte ich am Nachmittag des Gründonnerstags beim Kaffeetrinken in der seltenen Sonne eine Frau getroffen, mit der ich mich zum Abendessen verabredete. Wir spürten schnell, dass wir eine ähnliche Sprache sprachen, und ich lud sie ein, mit mir das Ende dieses Schreibdurchgangs zu feiern. Sie hatte eine große, weltweite Organisation gegründet, die sie Schöpfungsverantwortung nannte. Viele Jahre und viel Energie hatte sie gebraucht, um diese Organisation dorthin zu stellen, wo sie sie hinhaben wollte – innerhalb der Kirche. Jetzt sind sie alle stolz auf sie.

Wir waren auch Mütter. Mit Söhnen, die keine Grenzen scheuten. Und da gibt es natürlich eine Ebene im Muttersein, im Vatersein, wo jede Mutter, *jeder Vater die Kinder verliert. Im guten Lauf der Dinge. Und es gibt noch eine tiefere Ebene, die Erfahrung, als Jesus sagte, ich habe keine Mutter, keinen Vater mehr. In der Erfahrung des Lebens selbst. Da bin ich jedermanns Tochter und Mutter, Vater und Sohn.*

So wie ich Achmeds, des stolzen armen Tuaregs, Mutter bin. Wessen Mutter/Vater bin ich nicht? Wessen Sohn/Tochter bin ich nicht? Schöpfungsverantwortung. Große, EINE Menschheit …

Fehlt nur noch die Auferstehung. Auferstehung. Das Kirchenschiff liegt im Dunkel des Vortags, als ein Licht entzündet wird, das von Mensch zu Mensch weitergereicht wird. So werden die Fresken der Unterkirche lebendig im Flackern der Kerzen. Erst als der Bischof von Assisi das Wort ergreift, gehen ein paar Lampen an, so dass das Tafelkreuz über dem Altar seinen Schatten in die Apsis wirft.

Ein kleiner japanischer Priester singt die Liturgie und bewegt sich in seinen heiligen Handlungen wie ein Mönch in einem Zenkloster. EINE Welt.

Auferstehung, das Erwachen in einem neuen Bewusstsein, was könnte das für ein Fest sein. Jetzt. In diesem Moment. So viele Menschen suchen danach. Das Schiff ist voll. Am besten gefallen mir die jungen wilden Kerle, kahlrasiert, mit schweren Schuhen; suchend. Kniend.

Und da – ein Augenblick, der eine Dimension dieses Festes berührt. »Gloria in excelsis Deo«, ruft der Bischof, hochaufgerichtet, mit lauter Stimme. Dann Stille.

Und aus der Stille eine dramatische Handglocke, schnell geschlagen, begleitet von einem spannungsgeladenen, nicht enden wollenden Akkord der Orgel. Und alle Lichter in der Kirche gehen an. So verschwindet der Schatten des Kreuzes in der Apsis, und auch das Kreuz selbst, in seiner Bemalung, verschwindet in den Hintergrund der Fresken.

Ein Moment der Präsenz.

Beim Herausgehen spricht mich einer der jungen, wilden Männer an, dessen Blick sich während des Gottesdienstes einmal mit meinem getroffen hatte. Ich hätte so eine große Intensität in meiner Ausstrahlung, meint er. Ich lache nur und antworte, ich hätte nur das Licht in seinem Herz gesehen, und wir verschwinden in der Menge.

75
dem klang der glocke folgen
Lauschen Sie. Die Worte Ihrer Wahrhaftigkeit werden aufsteigen. Aufsteigen aus einer großen Stille, die wir sind. Schreiben ist Lauschen. Immer tiefer der innersten Stimme lauschen. Eines Tages sind Lauschende, Lauschender und Stimme eins.

Dann ist kein Weg mehr. Folgen Sie dem Klang der Glocke. Lassen Sie die Worte jetzt in die Welt fallen. Stark und machtvoll, leise und sanft. Folgen Sie dem Klang der Glocke.

Wandern Sie in die Welt und schreiben Sie, wo immer Sie den Impuls dazu verspüren.

76
in der öffentlichkeit schreiben
Das ganze Universum ist mein Schreibzimmer, das Licht der Sterne meine Tinte …

Versuchen Sie allein und schweigend zu bleiben, zentriert in Ihrem ewigen Innersten, vertieft.

Fahren Sie in eine Stadt in Ihrer Umgebung, oder gehen Sie ins Zentrum, wenn Sie in einer Stadt wohnen. Spazieren Sie umher, setzten Sie sich auf eine Bank, in ein Café. Lassen Sie sich Zeit.

Überall gibt es Orte, deren Geist einen zum Schreiben anregen kann. Ihre Haltung ist die des Staunens, der Offenheit im Blick, als sähen Sie alles, auch Menschen, das erste Mal. Als ginge jener rosarote Elefant durch Ihre gewohnte Umgebung – dieser Moment des Offenseins und Erstaunens prägt Ihren Blick und Ihre innere Haltung.

Sie sehen das erste Mal in allen Menschen jenen göttlichen Funken, der sie leben lässt, sie sich bewegen lässt. Sie sehen das wahre

Antlitz in denen, die leuchten, und in denen, die dunkeln. Sie sehen all ihre Möglichkeiten und die, die sie schon verwirklicht haben. Schreiben Sie, wo immer Sie schreiben mögen.

Zwischen Ost und West bin ich gewandert, im Norden schreibend, nach Süden blickend. Und in der Mitte, wie in dieser Stadt Assisi hier, ist jetzt der Marktplatz. Dort tanze ich aus der Mitte mein Leben, im köstlichsten Gewahrsein, dass es sich in absoluter Stille selber tanzt. Und wo immer Sie stehen, tanzen Sie mit. Letztlich haben wir sowieso keine Wahl.

Assisi ist die Stadt des Friedens. Menschen aus allen Religionen und Regionen kommen hierher mit dieser tiefen Sehnsucht nach Frieden in sich. Unsere Zeit des Umbruchs birgt den Samen, dass sich dieser Frieden aus dem Innersten der Menschen entfaltet.

Ich habe – auf meine unvollkommene Weise – versucht, mit Ihnen zu teilen, wie sich ein Tor in ein neues Bewusstsein öffnen könnte. Es ist ein Weg, der tiefer ansetzt, jenseits *und* im Einklang mit der Dualität. Und der uns vielleicht einen anderen Weg zum Frieden auf diesem grandiosen blauen Planeten kreieren lässt. Ob wir nun schreiben oder nicht.

Anfangs zitierte ich einmal Tetsuo Roshi, mit seiner genialen, präzisen Aussage: *wenn Seele still, ganzer Mensch still, dann Weltfrieden.* Vielleicht ist die Kürze der Aussage etwas monastisch. Wir leben in einer Zeit, die diese Erfahrung für viele, viele Menschen braucht, bis wir eine kritische Masse bilden und das neue Bewusstsein über unsere bisherigen Verstandesmöglichkeiten hinauswächst. Wir brauchen diese Erfahrung der Stille, die wir sind, im gelebten Leben, nicht mehr hinter Klostermauern. Wir brauchen sie in der Begegnung zwischen einzelnen Menschen und zwischen Völkern und Staaten – wo auch immer in der Welt wir sind.

Wenn wir diese tiefe menschliche Begegnung der beiden assisischen Revolutionäre, im jeweils anderen das ewige Antlitz zu sehen, im Licht der großen Wandlung unseres Menschseins betrachten, klingt es vielleicht so:

Wenn Seele still
ganzer Mensch still.
Stiller Mensch sieht sich
im stillen Menschen.
Neuer Mann. Neue Frau.
Einer im anderen.
Alle in allem.
Dann Weltfrieden.

Und dann feiern wir die Party, von der der Dalai Lama spricht …

Leise sehen wir erst das frühe Licht der Morgendämmerung heraufziehen. Die kalten Schatten der Nacht spüren wir noch unter der Haut. Welch ein Tag kündigt sich an! Erste Ahnungen legen sich sanft und in unsagbarer Freude in den Boden meiner Wörter.

Was gibt das für ein Fest, wenn wir mit einer tastenden Berührung das Universum durchbrechen, wenn wir uns im Herzen des Kosmos begegnen, wo wir uns schon ewig kennen und zutiefst lebendig in stiller Resonanz schwingen. Uns im ursprünglichen, wahren Antlitz erkennend. Und daraus einen umfassenden Kranz von Hinwendung zu allem webend. Fließend, freundlich, furchtlos.

Das Große Ungeborene, so ewig und zeitlos selbst, wirft sich in die Zeit, gebiert mich Wunder, Sie Wunder, uns Wunder, Berge, Ströme, Galaxien Wunder, darin pulsierend im einen Blut, im einen Lebenswasser, in unserem Innersten sich selbst gebärend, Geist und Form, Bewusstsein und Erde.

Erklären wir dieser Welt unsere Liebe. So erklärt sie sich selbst.

Wann, wenn nicht jetzt.

Schreibend.

vision

Selbst, Kultur und Natur müssen gemeinsam befreit werden,
oder sie werden überhaupt nicht befreit.

KEN WILBER[50]

Jetzt sind Sie weit gegangen, haben eine große Reise zurückgelegt. Eine, die nie enden wird. Und an deren Ziel Sie schon angekommen waren.

Ich sagte Ihnen zu Beginn, dass ich mit Ihnen noch einige Gedanken darüber teilen möchte, in welchem größeren Entwicklungsstrom unsere Reise fließt. Aus diesem Strom tauchen leise, wie frühes Morgenlicht, die ersten Strahlen eines grundsätzlich neuen Weltbildes am Horizont der Menschheit auf. Ein so grundsätzlich neues, wie zum Beispiel damals zu Kopernikus' Zeiten, als die Erde von der Scheibe zur Kugel wurde und die Menschheit in ihrem Selbstbild aus dem Mittelpunkt der Welt zu einem ganz kleinen Teil des Universums katapultiert wurde. Oder in der Aufklärung, als ein rationales Denken die Menschen aus ihrer magischen Vorstellungswelt riss.

Für mich selbst hat dieser Strom, unser neues Weltbild, zutiefst etwas mit *Verbundenheit,* einem Aspekt der Liebe, zu tun. Es geht sowohl darum, dass wir wissen, wie wir hier auf unserer Erde verbunden sind – wenn ich hier Auto fahre, schmilzt in Grönland das Eis, wenn wir die Fischgründe vor Afrikas Küsten plündern, werden die arbeitslosen Fischer Piraten, oder wenn ich hier ein günstiges T-Shirt kaufe, arbeitet dort ein Kind unter unwürdigen Bedingungen –, also zu spüren, dass jede unserer Handlungen eine Auswirkung auf das ganze Geschehen in dieser Welt hat.

Und es geht um eine noch viel tiefere Verbundenheit, die eine grundsätzliche Grenzüberschreitung bedeutet. Wir sind so daran gewöhnt, Grenzen im Außen zu überschreiten, es lassen sich dort kaum noch welche finden, doch jetzt geht es um eine Grenze in uns selbst. Nach Überschreiten dieser Grenze sind wir in einem Raum, in dem wir mit allem *durch unser Einsseins* verbunden sind. In diesem Einssein liegt ein feiner Geschmack zärtlichster Liebe.

Und der Strom der Evolution scheint im Moment diese Zustandsmöglichkeit des Menschen, von der uns schon die Mystiker und Weisen aller Religionen und vieler Kulturen in der »mystischen Erfahrung« erzählten, immer mehr Menschen zugänglich zu machen. Denn es scheint, dass wir diese Möglichkeit der Erkenntnis und des Handelns brauchen.

Ich bin überzeugt davon, dass jene Herausforderungen, die früher nur durch heroische spirituelle Praktiken gemeistert werden konnten, unserer Generation leichter fallen, weil wir Teile eines größeren Systems sind, das selbst im Erwachen begriffen ist.
BARBARA MARX HUBBARD[51]

Einstein sagt, dass man niemals Probleme mit derselben Denkweise lösen könne, durch die sie entstanden seien. Das heißt, wir brauchen eine vollkommen neue Art des Denkens, um unsere gegenwärtige Krise zu überwinden. Bisher ging in der Geschichte der Menschheit – so weit wir das zurückverfolgen können – einem Entwicklungssprung, einer wirklich neuen Dimension eine wie auch immer geartete Krise voran, aus der sich das Neue schälte und in dem das Alte leise unterging. Der *Homo neanderthalensis* verschwand, der *Homo sapiens* tauchte auf. Der *Homo sapiens* verschwindet, der *Homo vivescerensis*, der Mensch, der zum Leben erwacht ist– oder wie immer wir ihn nennen –, taucht auf … Vielleicht braucht es etwas Chaos, damit sich unsere alten Strukturen auflösen und Raum für das Neue geschaffen wird.

Wir brauchen also eine neue Art des »Denkens«, denn unsere bisherige hat uns zwar reich beschenkt, aber auch ganz offensichtlich ziemlich in den Schlamassel gebracht.

Diese neue Art des »Denkens«, ein neues Bewusstsein, erwächst aus unserer Sehnsucht nach diesem Erwachen in die Einheit, nach dem »Ort« in uns, in dem die ewigen Gegensätze zu ihrer ursprünglichen Einheit verschmelzen. Es ist die Sehnsucht eines Größeren Ganzen nach sich selbst.

Diese Erfahrung der Einheit wird unser Weltbild von Grund auf wandeln. Aber nicht nur so, dass ein paar neue Erkenntnisse dazukommen, sondern viel grundsätzlicher. Neu meint wirklich neu. Das heißt, es werden sich nicht nur ein paar Vorstellungen ändern, sondern wir werden den Raum unserer Vorstellungswelt hinter uns lassen und in einen leeren Raum, unser Sein, eintauchen, und von dort aus wird sich unser Handeln gestalten. Wenn wir von unserem jetzigen Weltbild ausgehen, dann handeln wir – scheinbar – überlegt. Wir konzipieren, planen, berechnen unser Handeln; nicht nur individuell, auch in allen großen Zusammenhängen. Wobei inzwischen wirklich offensichtlich ist, dass dieses Denken sich nicht in einem luftleeren Raum bewegt, sondern auch getrieben ist von Gefühlen, Begehren und Macht.

Vom leeren Bewusstseinsraum aus, in dem alles enthalten ist, sieht Handeln anders aus – es hat eher die Qualität eines Impulses, nur dass es keinen Weg mehr zwischen Impuls, ihn wahrnehmen und Handeln gibt. So gestaltet sich der nächste Schritt im Augenblick. Nur dieser eine. Dieser Schritt aber ist zutiefst eingebettet in das große, gesamte Sein, das heißt auch in ein Gesamtwissen unserer Welt und des Kosmos. In unserem Erleben bedeutet das Freude, freies Potential, unendliche Liebe, höchste Sicherheit und glitzernde Wachheit. Unser jetziges, personales Ich ist dann zurückgetreten im Dienst am Ganzen und hat sich seiner ursprünglichen Funktion erinnert – uns gut zu erhalten auf dieser Welt. Dies, was »ich« sagt, über sechs Milliarden mal, und vielleicht in jeder Pflanze, jedem Tier, jedem Stück Holz oder Plastik auch, und scheinbar unsere Mitte ist, könnte sich in eine unendliche Weite auflösen, in ein Bewusstsein dessen, was wir wirklich sind – ein einziges, nichtstoffliches Ich, das in größter Vielfalt als Materie gerinnt und aus ihr spricht, sieht, hört, schmeckt, handelt, lebt, vergisst und nie stirbt ...

Jetzt sind wir an einem Punkt der Geschichte angelangt, an dem dieser Strom – der immer da war – an die Oberfläche unserer Wahrnehmung bricht und Schritt für Schritt immer mehr Menschen zugänglich wird.

Nur ist das neue Weltbild noch nicht im allgemeinen Verständnis angekommen, das kann noch eine Weile dauern, obwohl es sich schon in Erkenntnissen der Wissenschaften ankündigt. Wenn alles – was fest schien – relativ ist, wenn es keine kleinste, feste Materie gibt, obwohl sie so erscheint, wenn jeder Beobachtende das Beobachtete beeinflusst, wenn unser scharfer Verstand Unschärfen erkennen muss, wenn alles

Informationen zu enthalten scheint, so dass zwei auseinandergerissene Teilchen auch nach ihrer Trennung noch so reagieren, als wären sie als Ganzes zusammen, dann könnte das ja bei Mensch und Kosmos auch so sein – dass nichts fest ist und alles in einem einzigen tiefen Bezug zueinander steht.

Es sind heute die Naturwissenschaften, nicht mehr so sehr die Religionen, vor allem Physik und Astronomie, die ähnliche Informationen bringen, wie sie als Erfahrung im Bewusstsein vieler Menschen auftauchen. Das neue Bewusstsein ist nicht die Sache einer neuen Religion – wie auch immer sie geartet sein könnte –, sondern die »individuelle Erfüllung dessen, was alle Religionen verheißen haben«.[52] Nicht nur in den Erfahrungen der Mystiker und Weisen, sondern in kurzen Momenten hat sich dieses andere, weitere Bewusstsein auch schon an anderen Stellen gezeigt, und zwar gerade in Verbindung mit großen Erkenntnissen der Naturwissenschaften. Man denke an das Beispiel des Benzolrings. Kekulé brütete über den Kohlenstoffatomen im Benzol, kam und kam nicht weiter, als er eines Tages in seinem Sessel einschlief und eine Art Wachtraum von einer Schlange hatte, die sich in den Schwanz biss. Diese Vision gab ihm das Bild, dass die Atome nicht linear, sondern zirkulär angeordnet sein könnten – ein Quantensprung in der damaligen chemischen Forschung. Ähnliche Geschichten werden auch vom Finden der Relativitätstheorie und vielen anderen Erkenntnissen erzählt. Der Mathematiker Andrew Wiles, der einen der großen Beweise der Mathematik gebracht hat, an dem die Mathematiker über dreihundert Jahre rätselten – Fermats letzten Satz –, beschreibt seine Erfahrung: »Um auf diese Art von neuer Idee zu kommen, braucht es eine lange Zeit äußerster Hingabe an das Problem, ohne jede Ablenkung. Man darf wirklich an nichts anderes denken – und muss sich einfach darauf konzentrieren. Und dann hält man inne. Nun kommt es offenbar zu einer Phase der Entspannung, in der das Unbewusste die Sache in die Hand nimmt, und in dieser Zeit gelingen einige der neuen Einsichten.«[53]

Das klingt doch fast wie die Beschreibung eines spirituellen Pfades. Auch Künstler und Künstlerinnen beschreiben solche Momente. Ingeborg Bachmann zum Beispiel konnte Kunst nur als das »ganz andere denken, das sich letztlich jeder menschlichen Verfügbarkeit entzieht und sich selbst ereignen muss«.[54]

Viele von uns, auch Menschen, die nicht bewusst in dieser Ganzheit leben, kennen die Erfahrung, dass man plötzlich WEISS oder dass man etwas für den Bruchteil einer Sekunde als Ganzes erfasst oder dass es einen Moment der »Wahl« gibt, der so klar und strahlend ist, dass man nichts mehr hin und her erwägen muss, und der alles unendlich EINFACH macht, oder dass man für ein Sekündchen hinter aller Erscheinung etwas durchschimmern sieht, das einem vor Ehrfurcht den Atem nimmt. »Irgendwo« in sich weiß jeder und jede, auch wenn es nur für einen kleinen Moment ist, dass durch das, was da so wirklich erscheint, auch noch eine dahinterliegende Wirklichkeit schimmert.

Im Sinne tiefer Friedensarbeit können wir das Aufbrechen des neuen Weltbildes in uns und damit in anderen unterstützen und vorbereiten – indem wir unserer innersten Sehnsucht folgen, den Mut haben, uns auf diesen Ruf der Seele wirklich zu *beziehen*, mit Aufrichtigkeit, dem nötigen Maß Konsequenz und Hingabe und einer klaren Ausrichtung. Und nicht mehr in Askese und in der einsamen Klause, sondern mitten im Leben, unter Einbeziehungen aller Ebenen unseres Menschseins, das heißt auch unserer psychischen Struktur, unseres Lebensanteils in einer Gemeinschaft, unseres Engagements in der Welt. Und auch der Phasen des Rückzugs, die wir sicher auch brauchen auf einem solchen Weg. Wacher GEIST.

Betrachten wir diese Bewegung unserer Zeit, so ist unsere persönliche Entwicklung einfach nur Ausdruck einer größeren Dynamik des Lebens. Und es scheint in dieser Dynamik anzustehen, dass sich eine ganz grundlegende Vorstellung unserer Zivilisation wandelt – die Vorstellung, dass wir voneinander, von der Natur, vom Göttlichen getrennt sind. Alle Probleme, die unsere gesamte Menschheit im Moment überfluten, scheinen auf dieses eine grundlegende Problem unserer Betrachtungsweise von Getrenntheit zurückzugehen. Denn aus dieser Illusion der Getrenntheit heraus, der Trennung der Seele von ihrem Ursprung, der Trennung von GEIST und Materie, von Erscheinung in Form und Leerheit, entsteht ein

Getriebensein im Menschen, das danach strebt, diese innere »Lücke« zu schließen, das Gefühl des unstillbaren Mangels zu besänftigen. All diese »Lösungsversuche« sind nach außen gerichtet und verpuffen schal in Hybris und Armut. Und es wäre nur ein kleiner Schritt nach innen …

> *Es gab etwas Formloses und Vollkommenes,*
> *bevor das Universum entstand.*
> Tao Te King

Sie haben sich mit dem Wort auf die Reise begeben, haben diesen Schritt nach innen gewagt. Und es ist das Wort, das genau an dieser Schnittstelle von Vollkommenem und Universum, von Ungeschaffenem und Geschaffenem, von Formlosem und in die Form kristallisierter Formlosigkeit lebt. Das Wort steht in sehr vielen mythologischen Bildern am Anfang, an diesem Übergang vom Ungetrennten in die Form, deshalb ist es ganz besonders geeignet, uns wieder zu verbinden. »Im Anfang war das Wort, und das Wort war bei Gott, und Gott war das Wort«, heißt es im zentralen Text unseres Kulturraums. Auch im Koran hat es diese Stellung – das Schöpfende spricht nur ein Wort aus: »Sei!« – und die Schöpfung war. Ist immer. In jedem Augenblick neu.

Seit Menschengedenken wohnt dem Wort diese geheimnisvolle Macht inne. Im indischen Raum ist es das magische OM, das alle Klänge enthält und in dem Brahma Ausdruck findet noch *vor* der Manifestierung. Vor Kurzem hörte ich eine Sendung über Polarforscher, die die Geräusche des Polarmeeres sondierten. Es wurden Beispiele von den Gesängen der unterschiedlichsten Seehunde und -löwen eingespielt, von den Geräuschen wandernder, sich berührender und brechender Eisberge, das Singen von Walen und Delphinen. Alle diese Geräusche schienen vom großen Spiel des Lebens zu erzählen … Und dann, meinte einer der Forscher, gebe es ein Geräusch, das sie mit aller Mühe und Forschung einfach nicht identifizieren könnten – es klang wirklich wunderbar, wie das tiefe, unendliche Singen des »ersten« Wortes, als sänge es der Ozean, die Erde selbst.

Das Abenteuer ist, dass wir im Schreiben diesen »Vorgang« umdrehen können, so wie es die alten Weisen im Nada Yoga taten: Sie versuchten mit ihrem Bewusstsein genau diesen Punkt zu erreichen, an dem sich »in Gott« das Wort, das Schöpfung wird, bildet. So konnten sie mit ihrem innersten Ohr den Klang der Einen Wirklichkeit vernehmen. Wir können mit dem Wort diesen Saum berühren, den Saum des ortlosen Ortes, an dem sich Form und Formloses durchdringen, Geschaffenes und Unge-schaffenes, Fülle und Leere, Zeit und Zeitlosigkeit. Natürlich ist das der Bereich, in dem wir auch mit der Sprache ins Stolpern kommen, denn »dort« ist keine Sprache mehr. Nur bis zum Saum wagen wir uns mit der Sprache, werden singend zu dieser Großen Sprachlosigkeit, die alle Spra-che enthält und die wir schon immer waren.

In einer Weise können wir nie zurückkehren aus dieser Berührung, weil wir darin ruhen, weil wir sie sind. Nur der grundsätzliche Ort, aus dem heraus wir leben, tritt leise in den Vordergrund unseres Bewusst-seins – *da* war er schon immer –, oder andersherum, etwas mit dem wir uns bisher identifizierten, von dem wir meinten, wir wären es, rückt in den Hintergrund. Es ist nur eine leise Verschiebung.

Auf uns Schreibende bezogen heißt das, dass wir eine neue Sprachkul-tur für unsere neue Zeit brauchen, die alle Ebenen im Menschen wür-digt und tief angebunden ist; eine, die die engen Dogmen und Vorstel-lungen unserer vertrauten Welt hinter sich lässt im Bewusstsein unserer eigenen unendlichen Weite. Eine Sprachkultur, die sich aus den schar-fen Polarisierungen von Gut und Böse, Richtig und Falsch, Negativ und Positiv, Müssen und Dürfen – und doch kristallklar unterscheidend –, auf ein gewandeltes Bild vom Menschen hinbewegt, im Ahnen um seine wahre Wesensnatur und der tiefen Freude, die das Menschsein aus-macht.

Ich selbst habe diese Sprache noch nicht. Ich konnte jetzt erst einmal für mich das Schreiben und den inneren Weg verbinden; das Ganze in eine moderne, kontextfreie Sprache zu übersetzen, wäre der nächste Schritt. Letztlich wird sie aus den uns Nachfolgenden erwachsen, wie von alleine. Die Jungen[55] schlagen gerade das Internet für den nächsten

Friedensnobelpreis vor. Weil es die Menschen in die Lage versetze, sich weltweit zu *verbinden*, und zwar unter Umgehung von herrschenden Medienmogulen oder Regierungen. Die Menschen wollten Frieden, und wenn sie eine Stimme bekämen, arbeiteten sie unermüdlich dafür.»Kurzfristig wird ein Twitter-Account eine *AK-47* nicht zum Schweigen bringen, aber auf lange Sicht ist eine Tastatur gewaltiger als ein Schwert.«[56]

Wir können den Boden dafür bereiten – das ist doch Freude genug und wirklich spannend.

Ich nannte zu Beginn diese Sprache *fließend, freundlich, furchtlos*. Das ist natürlich stark verkürzt, und doch schimmert für mich auch in dieser Kürze die Gestalt einer neuen Kultur hindurch, die ihre Wurzeln nicht mehr nur im Verstand und im Gefühl hat, sondern in unserem ganzen Sein. Dass wir bewusst mit unserer Lebendigkeit verbunden sind. Dass wir frei schwimmen in unserem natürlichen Zustand, in der Liebe, die wir SIND. Freundlich heißt nicht langweiliges Harmoniefeld, heilige Süße, vordergründiges Schönreden. Freundlich heißt: ETWAS, das mit allem verbunden ist, spricht mich, durch mich, aus allen Menschen, wo immer sie leben, aus den Tieren, den Pflanzen, aus unserer Erde, dem Kosmos. Es ist das einzig Sprechende.

In großer Einfachheit. Die Grundprinzipien des Lebens sind von großer Einfachheit. Die äußeren Bedingungen unseres Lebens sind hochkomplex geworden, mit dem Ergebnis, dass wir uns leicht von den grundlegenden Lebensprozessen entfernen. Als wäre das möglich. Aus tiefer Einfachheit kommt höchste Differenzierung. Und dass wir die Dinge wieder wahrhaftig benennen, Verschleiertes aufdecken, einen Standpunkt kristallklar, aus unserer innersten Wahrheit heraus einnehmen. Die Wahrheit sei dem Menschen zumutbar, meinte Ingeborg Bachmann. Ich glaube, dass sie nicht nur zumutbar ist, sondern dass wir uns tief nach ihr sehnen. Bedingungslos furchtlos. Bedingungslos liebend.

Die Zeit ist reif für eine neue Sprache, nicht nur im großen Miteinander aller Lebewesen, auch in den unterschiedlichsten Einzelbereichen unserer Zivilisation, in den Medien, der Politik, der Wissenschaft, der Wirtschaft, der Literatur, der Medizin, der Religion und Spiritualität.

Es geht um Wahrhaftigkeit aus unserer Wesenhaftigkeit, eine wache Kultur, eine erwachte Kultur.

*

Das Schreiben sei der wichtigste Schatz, den die Menschheit hat, meint der chinesische Künstler und Aktivist Ai Wei Wei. Schriftliche Zeugnisse, welcher Art auch immer, gehören zu den bedeutendsten kulturellen Ausdrucksformen, ob sie nun in Stein geritzt oder auf einem Chip gespeichert oder als Gedankenform schneller als mit Lichtgeschwindigkeit die Universen in-formiert, spielt dabei keine Rolle.

Die neue Sprache wurzelt in diesem unendlichen Wesenskern; so ist das Aufbrechen in die »neue Kultur« zutiefst mit der inneren Befreiung des einzelnen Menschen verbunden. Wenn es diese Idee des Getrenntseins nicht mehr gibt, gibt es auch keine Anstrengung mehr, die Trennung zu überwinden. Das ist das Befreiendste, was wir erleben können. Wenn wir das SEIN in diesem Bewusstsein wirklich ganz leben, nicht nur als mehr oder weniger seltene Erfahrung auf unserem Mediationskissen feiern, sondern in unser ganzes Leben, mit allem, was wir sind, integrieren, dann erscheint dieses Bewusstsein als reine, bedingungslose Liebe. Und wir sind uns bewusst, dass wir wirklich – und lassen Sie mich das alte Wort am neuen Ort gebrauchen – göttliche Wesen sind. Stellen Sie sich vor, immer mehr von uns sind sich ihrer eigenen Göttlichkeit bewusst – mit welcher Würde, Achtung und zärtlichen Liebe würden wir uns einander auf dieser Welt zuwenden. Stellen Sie sich vor, diese Menschen schreiben, aus ihrer Würde und Freude und Wahrhaftigkeit heraus; stellen Sie sich diese Texte an unseren alten Orten vor, in der Literatur, in den Drehbüchern für unsere Filme, in Konzepten von Firmen, Schulen und Städteplanung, in Zeitungsartikeln, Berichten und wissenschaftlichen Arbeiten, in Reden von Politikern, in Arzt-, Abschieds- und Liebesbriefen, E-Mails und Twitter, auf unserem Einkaufszettel, in den Entwürfen und Programmen der Parteien, Hochschulen, Regierungen, der Wirtschaftsbosse und der UNO. Nur einen Moment – stellen Sie es sich vor …

Sie haben den Mut gehabt, zu dieser Reise aufzubrechen, sich in den Strom unserer unendlichen Zeit zu stürzen, die kreative Kraft des Wortes in seiner ursprünglichsten Quelle wiederzuentdecken. Vielleicht haben Sie vollkommene Stille gehört. Haben Sie sie gehört? Hinter der Stille des Waldes und dem Lärm der Großstädte. Hinter dem Dröhnen der Bässe der Jugend und dem Schreien der Kinder. Dem Zischen der Raketen, dem Schwanken des Bambusbusches und den leisen Schritten im Geist des Friedens. Und in dieser unendlich gnadenvollen Frische und Leichtigkeit, wenn wir das Leben blank, frei und offen schmecken.

In diesem Sinne meinte ich –
erklären wir der Welt unsere Liebe.
Schreibend.

anmerkungen

[1] Dainin Katagiri Roshi, zit. nach Gail Sher, *Schreib dich frei*, Winterthur: Edition spuren, 2003, S. 23

[2] Natalie Goldberg, *Schreiben in Cafés*, Berlin: Autorenhaus, 2006, S. 15

[3] Hier im Buch unterscheide ich *das Kreative Schreiben* und *ein kreatives Schreiben*. Ersteres knüpft an eine Bewegung der zwanziger Jahre in den USA und deren Schulen an, Letzteres ist ein Schreiben, das davon inspiriert ist, ansonsten aber eigene Wege geht.

[4] Prof. Hans Krings, zit. in »*Schreibprobleme*«, OVB, 1. 10. 2007

[5] Ken Wilber, *Integrale Spiritualität*, München: Kösel, 2007, S. 251

[6] SZ, »*Aus Teufels Küche*«, 20./21. 12. 08

[7] Simon Singh, *Fermats letzter Satz*, München: dtv, 2007, S.208

[8] SZ, *Profil*, 2009

[9] J. Grimm, *Deutsche Mythologie*, Berlin: 1875–1878, 4. Aufl., S. 1023

[10] Tesuo Ngaya Kiichi Roshi, *Tuschspuren*, Zürich: Theseus, 1985, S. 72

[11] Henry Miller; *Der Koloss von Maroussi*, Hamburg: Rowohlt, 2003, geschrieben 1940, S. 182

[12] Bettina Eistel, *Das ganze Leben umarmen*, Bergisch Gladbach: Bastei Lübbe, 2009

[13] zit. nach Gail Sher, *schreib dich frei*, Winterthur: Edition Spuren, 2003, S. 61

[14] zit. nach Fritz Gesing, *Kreativ Schreiben*, Köln: Dumont, 1994, S. 16

[15] Meister Eckehart, *Deutsche Predigten und Traktate*, hg. von Joseph Quint, München, 1979, S. 144

[16] Marica Bodrozic, *Sterne erben, Sterne färben*, Frankfurt am Main: edition suhrkamp, 2007, S. 85

[17] OVB, 28. Febr. 2006

[18] SZ, 5./6. Sept. 2009

[19] OVB, 20. 3. 2006

[20] Julia Cameron, *Von der Kunst des Schreibens*, München: Knaur, 2003

[21] Barbara Marx Hubbard, *Vom Ego zur Essenz*, Burgrain: Koha, 2003, S. 39

[22] *Tausend und eine Nacht*, neu erzählt von G. Groll, München: Droemer, 1953, S. 357

[23] Bruce Perry und Maia Szalvitz, *Der Junge, der wie ein Hund gehalten wurde*, München: Kösel, 2008, S. 182

[24] Anregung aus Gabriele Rico, *Von der Seele schreiben*, Paderborn: Junfermann, 1999

[25] Ausstellungskatalog Robert Barry, *some places which we can come*, Bielefeld: Kerber, 2003

[26] Gabriele Rico, *Garantiert schreiben lernen*, Hamburg: Rowohlt, 1991

[27] Dr. Jill B. Taylor, *Mit einem Schlag*, München: Knaur, 2008

[28] Rico, *Garantiert*, a. a. O. S. 110

[29] Französischer Kritiker des 19. Jahrhunderts, zit. nach Diana Facaros, Michael Pauls Tuscany, *Umbria and the Marches*, London: Cadoganguides, 2003

[30] Gitta Mallasz, *Die Engel erlebt*, Zürich: Daimon, 1990

[31] Irina Tweedie, *Der Weg durchs Feuer*, München: Heyne, 2005

[32] Barbara Marx Hubbard, a. a. O.

[33] Max Frisch, *Stichworte*, ausgesucht von U. Johnson, Frankfurt/M.: Suhrkamp, 1975, S. 125

[34] nach Rico, *Seele*, a. a. O.

[35] Milan Kundera, *Die unerträgliche Leichtigkeit des Seins*, Frankfurt/M.: S. Fischer, 1997

[36] zit. nach Rico, *Seele*, a. a. O., S. 203

[37] zit. nach Maureen Murdock, *Der Weg der Heldin*, München: Irisiana, 1994, S. 148

[38] Hermione Lee, *Virginia Woolf: ein Leben*, Frankfurt/M.: S. Fischer, 1999, S. 170

[39] Byron Katie, *Lieben was ist*, München: Goldmann, 2002

[40] Eckhart Tolle, Jetzt – *Die Kraft der Gegenwart*, Bielefeld: J. Kamphausen, 2002

[41] Denis Genpo Roshi Menzel, *Big Mind*, Bielefeld: Aurum bei J. Kamphausen, 2008

[42] Zu dieser Übung wurde ich inspiriert von Lutz von Werder, *Lehrbuch des Kreativen Schreibens*, Milow: Schibri-Verlag, 1996

[43] Zu dieser Übung wurde ich inspiriert von Natalie Goldberg, a. a. O.

[44] Perry, a. a. O. S. 199

[45] Christiane Singer, *Rastenberg*, München: List, 1998, S. 50

[46] Joseph Campbell, *Die Kraft der Mythen*, Zürich und München: Artemis, 1989

[47] Johannes Schneider, *Kirschen im Winter*, Salzburg: Aleph-Omega-Verlag, 2005, S. 32

[48] Sher, a.a.O. S. 111

[49] Vortrag von Llewellyn Vaughan-Lee, ca. 1998

[50] Ken Wilber, *Integrale Spiritualität*, München: Kösel, 2007, S. 51

[51] Barbara Marx Hubbard, a. a. O. S. 40

[52] Barbara Marx Hubbard, a. a. O. S. 35

[53] Simon Singh, a.a.O. S. 240

[54] Bergit Peters, *LiebesArten*, Ostfildern: Grünewald, 2009, S. 48

[55] www.internetforpeace.org

[56] SZ, *Gewaltige Tastaturen*, 5./6. 12. 2009

liste der übungen

1 vorübung 21
2 meiste energie 26
3 skizze 29
4 der innere schreiber – die innere
  schreiberin 29
5 körper 34
6 vorstellungen 36
7 linien 51
8 sammeln 59
9 das, was ist, beschreiben 61
10 blatt daneben 62
11 das cluster 63
12 automatisches schreiben 66
13 text als inspiration 69
14 wortkette 70
15 station größenwahn 70
16 sicherer ort 73
17 elternhaus 90
18 sonntag 90
19 namen 91
20 heimat 91
21 detail...................... 91
22 hieroglyphen 92
23 freuden 94
24 drei dramen, eins 96
25 jetzt 97
26 drei dramen, zwei und drei ... 98
27 schuld und opfer 100
28 geliebtes, unschuldiges kind .. 101
29 sichtweisen 102
30 ... ist ein ritual 105
31 sexualität 108
32 heiliges geheimnis 108
33 achtzehn wörter 110
34 glück 111
35 sich vorstellen 112
36 drei ereignisse 114

37 die eigene stimme 114
38 ein thema durch alle lebensalter 115
39 beobachter/-in 116
40 der nächste schritt 117
41 keine geschichte. ein kühler
  bericht 118
42 was bin ich nicht 120
43 eine figur sein 121
44 das unannehmbare annehmen 122
45 zwei seiten 126
46 zentraler konflikt 128
47 held und heldin 120
48 unerwartete versöhnung 120
49 erstes märchenbild 120
50 märchen 131
51 schreiben und warten 141
52 alles ist offen 142
53 neue verbindungen 142
54 noch eine ungewohnte
  verknüpfung 143
55 sonett 144
56 poetic justice 148
57 was geschah 159
58 wann, wenn nicht jetzt 153
59 alles lebt 158
60 den dingen lauschen 158
61 der erste baum 160
62 schreiben in der dämmerung . 161
63 wasserworte 163
64 sterben 164
65 drei monate 165
66 lebensträume 165
67 beine baumeln 167
68 vision 168
69 das herz über das hindernis
  werfen 170
70 die wunde 171

71 spirituelle biographie 172

72 die neue dimension 174

73 der ozean 176

74 dankbar 177

75 dem klang der glocke folgen .. 183

76 in der öffentlichkeit schreiben 183

M meditation 79

D innerer dialog................ 81

literaturliste

Diese Bücher empfehle ich für einen weiteren Weg ins Schreiben:

Julia Cameron, *Von der Kunst des Schreibens*, Knaur Verlag, München 2009

Natalie Goldberg, *Schreiben in Cafés*, Autorenhaus Verlag, Berlin 2009

Gabriele Rico, *Garantiert schreiben lernen*, Rowohlt Verlag, Reinbek 2004

Gabriele Rico, *Von der Seele schreiben*, Junfermann Verlag, Paderborn 2001

Diese Bücher empfehle ich für einen weiteren Weg zu sich selbst:

Barbara Marx Hubbard, *Vom Ego zur Essenz*, Koha Verlag, Burgrain 2003

Byron Katie, *Lieben was ist*, Goldmann Verlag, München 2002

Denis Genpo Roshi Menzel, *Big Mind*, Aurum im J. Kamphausen Verlag, Bielefeld 2008

Eckhart Tolle, *Jetzt – Die Kraft der Gegenwart*, J. Kamphausen Verlag, Bielefeld 2000

Irina Tweedie, *Der Weg durchs Feuer*, Heyne Verlag, München 2005

Ken Wilber, *Integrale Spiritualität*, Kösel Verlag, München 2007

Wir danken für die Abdruckrechte aus:

Seite 33: Marica Bodrozic, Sterne erben, Sterne färben, © Suhrkamp Verlag, Frankfurt am Main 2007

Seite 45 und 187: Barbara Marx Hubbard, Vom Ego zur Essenz, © Koha Verlag, Burgrain 2003

Seite 48 und 145: Bruce Perry und Maia Szalvitz, Der Junge, der wie ein Hund gehalten wurde, © Kösel, München 2008

Seite 139: Hermione Lee, Virginia Woolf. Ein Leben. © Hermione Lee 1996. Aus dem Englischen von Holger Fliessbach. © S. Fischer Verlag GmbH, Frankfurt am Main 1999

Wir haben uns bemüht, alle Inhaber von Textrechten ausfindig zu machen. Sollten Rechteinhaber hier nicht aufgeführt sein, bitten wir diese, sich mit dem Verlag in Verbindung zu setzen.

über die autorin

© Constanze Wild

Anna Platsch ist freie Autorin und Reisende. Sie leitet zahlreiche Schreibwerkstätten und Seminare für eine lebensnahe, offene Spiritualität und engagiert sich in den unterschiedlichsten Bereichen für die Verwirklichung vom neuen, bewussten Menschen. Sie lebt mit ihrem Mann im Chiemgau.

Sie erreichen die Autorin unter
annaplatsch@gmx.de
www.annaplatsch.de